編劇媽媽的字遊時間

孩子和文字做朋友，
效啟發孩童的閱讀力與寫作力

王雙雙 著

〔二版序〕

萬物生長

四年前的今天，在臺北國際書展，我與已經上市的《編劇媽媽的字遊時間》相逢，儘管是自己寫出來的文字，但心情仍然雀躍，開心地拿著書拍照留念。再後來，走進城市的書店時，都會不自覺地找一下這本書的身影，它是我書寫的結晶，是愛與溫暖的記錄，是我身為媽媽在陪伴孩子們成長中的重要的一頁。得以此書為媒介，我在「悅讀趣」的世界與更多的孩子相逢，帶領他們踏上神秘又冒險的寫作之旅。

這幾年，我的生命發生了巨大的轉變，出版了不同類型的書籍，挑戰不同的領域，甚至開啟了自己的學習之路，身分不斷地轉變，唯獨不變且堅持至今的，還是寫作，以及陪伴更多的孩子，愛上寫作。

去年，我通過心理諮詢師的考試，獲得了心理諮詢師的證書。我把寫作與心靈課程做了一次調整和融合，在新的課程中，我與孩子們探究生命的本質，聆聽自己，學習安頓內在，多觀照心靈的喜悅，學習愛自己。

我們描繪風的顏色，我們跟隨老鷹飛翔，踩著大象的腳印描寫童詩。我們寫高山、樹木、魚群，那些先知誕生的時刻以及恆久關係中的真實；我們也在寫作中練習呼吸的頻率，我們靜靜坐著，想著一個能夠讓我們喜悅的環境，專注地將心聚攏，靜默片刻，去尋找自己真實的感覺，帶著愛和慈悲之心，去感受與萬物之間的親密，並逐漸看見心靈的豁達與開朗。

在這樣的寫作時光中，我會因為與孩子們心有靈犀的一個詞彙而歡欣暢笑，更會因為孩子們描寫得深刻又動容而一秒落淚。

孩子們描寫勇敢──「敢於與欺凌自己的更強者對視，敢於為自己的理想與熱愛而執著並奮勇向前，不論終點有多遙遠，都堅定不移。」

孩子們描寫自己──「當你舒展潔白的羽毛展翅翱翔於藍天之上時，風兒會為你護航；當你漫步於撒滿月光的小路上放聲高歌時，月亮會為你鼓掌。」

時間很快，這本書要再度上市了，謝謝與這本書結緣的總編、編輯，您們是文字的天使，是建構寫作之地的靈魂人物。有了這些力量的匯聚，才能讓我們見到美妙的文字組成一首首的歌，孩子在寫作中成長，遇見更真實和美好的自己。

朋友得知此書再版，告訴我：「長銷比熱銷更有意義。」如同生命，如同寫作，平流緩進，萬物生長。

王雙雙

2023.02.15 於蘇州

〔自序〕爲你　千千萬萬遍

寫作十多年，以前覺得閱讀和寫作像心中流淌的河，生活中所有細微事物隱於不知名的河流之下，翻山越嶺，匯聚一起，所有細節巧妙貫穿，懸疑在最後一刻揭曉，愛情終會守得雲開，青澀的愛情結出甜美的果實……直至為人母，陪伴我的孩子們閱讀寫作，才發現它們不再單一，孩子童真趣味的書寫賦予了文字嶄新又蓬勃的生命力。

如果閱讀是土壤，寫作會是種子，閱讀的世界豐富而遼闊，種子雖小，卻具有力量與信念，孩子們透過豐富遼闊的世界，讓這粒種子長成了獨特的樣子；如果閱讀是柴，寫作是火苗，多閱讀一篇，多添一根柴，火苗就會更加活潑雀躍……一筆一句，不僅為筆下描述事物賦予生命力，更讓他們愛上文字，學習與充滿情緒和力量的文字相處，誠實記錄自己的內心，在閱讀和書寫中，與真實的自己相遇。

與大女兒相處十二年，我曾自詡是全宇宙最懂她的人，但隨著她的成長，小女孩內心細膩如核，充滿轉折與軸點，偏偏女兒又怕我擔心，有時候把自己的內心緊緊包裹，這時我就會遞紙筆給她，說：

「要不我們用寫的吧。」給她筆書寫，也給自己梳理情緒的機會，回想我在教養陪伴中的作為，檢討自己。

當我們彼此交換字條，女兒簡短直接的方式讓我驚喜。用文字記錄的女孩，真實有趣，她的情緒和情感清晰乾淨，從文字中看見最真實的她，我何來擔憂無法抵達女孩內心的秘密花園？

她要寫「四季」，我讓她打開耳朵，想像自己聽到了什麼：

湖面的冰裂開了，水流動起來，

小松鼠從樹洞探出了腦袋，牠漆黑的眼睛好奇地打探著這個世界。

她要寫「陽光明媚」，我讓她閉上眼睛，想像置身大草原，四周一片黑寂，陽光慢慢升起。我問女孩看到了什麼，她的筆綻放出了不同的光芒，她寫：

翠綠的葉片上閃耀著淚滴般的光芒……

我們在微小事件中尋找同情共感的事件，一張糖果紙可化身為童詩，一棵榕樹可以反覆書寫。我們不是在寫作，而是用一種溫情詩意的方式，彼此陪伴、彼此影響、彼此成長。

朋友說：「妳是作家，妳離文字那麼近，教起來當然得心應手。」

我誠懇地說：「不，我只是一個媽媽。」

沒有任何一個人，比父母這個角色更適合陪伴孩子閱讀寫作。

我陪伴她們，學習她們，以充滿童真和溫柔的眼，重新看這個世界。

陪伴孩子寫作，是開啟親子關係的另一把鑰匙，這段旅程，溫暖、有趣、熱烈，值得回憶。我相信，即將成為新手父母或身為父母的你們，願意在陪伴孩子的路途上，傾聽他們的心聲，陪伴他們長大、閱讀寫作，千千萬萬遍。

王雙雙

〔二版序〕萬物生長 2
〔自序〕為你 千千萬萬遍 5
給家長的一封信——在陪伴孩子寫作前 12

PART 1

陪伴閱讀

陪伴閱讀 23
・陪伴閱讀，一如每天清晨的那杯溫水 24
・沒有孩子不愛閱讀，從興趣入手 28
・閱讀習慣已經建立了，還需要陪伴閱讀嗎？ 32
・挑出繪本裡的詞彙，舉一反三用於生活和作文 36
・陪孩子閱讀，學習「被瞭解」 41
・爸爸，我們也需要你的陪伴 45
・請爸爸念睡前故事給孩子聽 50
・閱讀後的即興表演，可以強化詞彙量 55
・閱讀將獨立的種子撒在孩子心上 59
・晚安前給孩子釀一個溫暖的夢 63
[Column] 紙本書，永不永不說再見 67

PART 2

閱讀後的口述能力

閱讀後的口述能力 …… 71

- 閱讀後的口述整理，訓練出總結能力 72
- 說故事開啟寫作之門（一）：自編自述讓老故事又活了起來 76
- 說故事開啟寫作之門（二）：讓「閱讀」與「說故事」像兩人三腳 80
- 會說一定會寫嗎？（一）：先「嘗試描述」跨出第一步吧 85
- 會說一定會寫嗎？（二）：「組裝句子」跟拼裝樂高一樣好玩 89
- 會說一定會寫嗎？（三）：「去除口語化」使文字改頭換面 93
- 會說一定會寫嗎？（四）：「練習寫大綱」下筆自成點線面 98
- 會說一定會寫嗎？（五）：繪本大綱背後的愛意交融 101
- 會說一定會寫嗎？（六）：「我愛你」的N種表達 106

PART 3

結合觀察的創意造句

結合觀察的創意造句 …… 109

- 建立孩子自己的專屬詞典（一）：從詞彙到造句的進階 110
- 建立孩子自己的專屬詞典（二）：從造句到作文的飛躍 114
- 造句，請帶上眼耳鼻舌身，以及心靈 119

．讓孩子們知道語言的力量 123
．如果詩詞的創意是風箏，請做那個追風箏的人 128
．神奇的詞彙，讓孩子勇敢突破自己 133
．近義詞、多義詞，文字遊戲玩起來 139

PART 4

怎樣開始寫作呢？ 143

♥作文起步好難，那就邊畫邊寫吧
．畫孩子最想畫的 144
．以繪畫的形式出題，創作自己的看圖說話 149
．以繪畫展開劇情 153
．練習寫食譜，懂得時間和邏輯順序 158

♥女兒說，媽媽寫
．從開心的經歷中選擇主題——〈露營〉 162
．從事件中挑選主角——〈抓蚱蜢〉 172
．鼓勵孩子多多觀察——〈我們家的新成員〉 180
．不要輕視日常與孩子的微妙互動——〈環保愛地球〉 189

‧擁抱自然後的第一首童詩——〈榕樹〉 197

♥**這一刻，筆握在女兒的手裡了**

‧考得太好，也不是一件好事——〈考試前的準備〉 204
‧從未見過雪花，如何展開想像？——〈雪花〉〈第二首童詩〉 212
‧媽媽女兒遊記大**PK**——〈左岸淡水一日遊〉 219
‧以孩子自身體驗去記錄——〈運動會〉 229
‧情到深處詩意自然流淌——〈貓咪〉、〈萌萌〉〈兩首童詩〉 238
‧獨自承擔責任感的體驗日記——〈喜宴〉 244
〔後記〕潤物細無聲 252

【閱讀書單】

BOOK｜愛，無所不在 33
BOOK｜白蛇傳 37
BOOK｜西遊記 38
BOOK｜短耳朵的蘿里 41
BOOK｜我絕對絕對不吃番茄 52
BOOK｜好奇猴喬治 64
BOOK｜賣火柴的小女孩 81
BOOK｜龜兔賽跑 99
BOOK｜棉被山隧道 103

給家長的一封信——在陪伴孩子寫作前

陪伴孩子寫作，身為家長的我們，準備好了嗎？

✦ 單純的三個字：「我喜歡」

我的前一本書《聽孩子說，勝過對孩子說》上市後，出版社企劃幫我安排了許多電臺通告，希望以書為媒，讓更多人認識到傾聽和閱讀的重要，因此常有朋友問我：「為什麼妳會想陪伴孩子閱讀？」

讓孩子與文字為朋、與書為友，想必是諸多家長一直以來最渴望的事情，這其中的每一個步驟，都考驗著我們的耐心及應變能力。而要讓孩子深愛一本書，從閱讀中認識自己，追溯原因，我發現只是單純的三個字：「我喜歡」。

我喜歡閱讀，尤其是雨天、午後、睡前，獨處的時光有文字相伴，對我來說，是心靈最大的富足，我希望女孩們也擁有這樣的富足感。

由於沒有功利心，陪伴女兒進入閱讀世界並不困難，待她們長大識字，開始寫字造句的時候，我突然萌生一個想法——我要陪孩子一起寫作。

除了陪伴女兒寫作，我還創辦了「悅讀趣」寫作班，希望透過陪伴，讓更多的孩子愛上閱讀和寫作。

寫作班有一個女孩非常聰明，記憶力很好，她可以把我剛講述的整段話一字不漏寫在自己的作品中。每一次她媽媽看到女兒作品都很驚豔，不相信她還有更多成長空間，甚至認為她不用再浪費時間學習寫作。後來女孩就不再來上課了。隔了兩個月後，有一天女孩的媽媽突然問我，可不可以讓女孩再來學寫作？她說：「我最近發現她根本沒有進步，而我打算幫她報名下個月的作文比賽！」

親愛的家長，透過寫作，我們可以讓記憶再次鮮活，憑藉著記憶的線索，使原本散落在孩子內心深處的繁雜思緒，得以重新整理。如果那些思緒是珍珠，串起的珍珠項鍊定會閃閃動人，但是，每一個思緒都必定是珍珠嗎？你希望憑藉這些珍珠，獲得精神以外的肯定嗎？例如，比賽、獎狀、掌聲？

最初我陪伴女兒閱讀，她們在閱讀世界中與故事主角相遇，透過故事認識了自己；而透過寫作，同樣也是認識自己的過程，甚至與更多未知的自己相遇。但前提是父母要放下功利心。

> 順應孩子的心靈成長去發展，反而更容易讓孩子快速吸收養分，讓他們的精神得到充分舒展。這些遠比比賽、獎狀、掌聲更有意義，是吧？

✦你不是文字高手，不重要。孩子的創作能力遠遠超過你的想像！

曾有家長跟我說：「陪孩子寫作？這我怎麼跟妳比，妳是作家，文字功力比我好太多了，而且我哪有那麼多時間？」

我的職業雖是作家、編劇，但在陪伴女兒寫作這件事情上面，我覺得她們的詞彙遠比我的更豐富，她們從閱讀中汲取的詞彙甚至比我還要多，而且更活潑。跟孩子們日常頻繁互動，我常被她們靈光閃過的詞句驚豔到，因此我用心記錄女兒說過的所有詞彙，並且將我們的日常對話帶進寫作題材，讓她們發揮想像力去創作。

我帶女兒去看日出，她們形容太陽「蹦」出了海面；女兒去樓頂找我，一抬頭看到陽光，她們覺得自己的眼睛被陽光「撞」了一下；貼心的妹妹走在我身邊，她牽起我的手，往我手心呵一口氣，問我感受到了什麼？那是她向我傳遞暖暖的愛意；我們一起看天上的雲卷雲舒，她形容圓圓的雲朵看起來像是可口的甜甜圈；我在房間張開雙臂晒太陽，小女兒形容我的樣子像天使……。

這些生活的日常，很輕易就被我們忽略，但我對這些活潑的用詞珍愛至極，除了收藏女兒送我的禮物（一幅隨手塗鴉、一張紙條、一紙卡片），我也收藏她們的話語。我將那些可愛有趣的童言童語，藏在腦海的皺褶裡，藏在我的筆記裡，並在女兒寫作時提醒她們，加強她們對文字的敏感度，也因那些詞彙源自於她們，讓女兒的寫作保持了獨屬於她們的童趣。

我曾經把跟女孩的對話寫成一首詩，還製作成明信片送給好友們，希望藉此以文字建立愛的溫度，保留與孩子們之間的回憶和成長記錄。

媽媽，打針的時候我可以哭嗎
媽媽，今天可以早點接我回家嗎
媽媽，我要給妳一個驚喜啊

媽媽，是不是姐姐老了妳就死了
媽媽，妳覺得我可愛嗎好看嗎妳愛我嗎
媽媽，妳不要動啊
我要躺在妳懷裡靠在妳背上
媽媽，妳的衣服不要洗得那麼香
我聞不到妳的味道啦
如果讓我選
我選一個可以陪我讀書跟我聊天摟我睡覺的媽媽
喔　我不想選其他的
必須得是妳這個媽媽

用她們的語言連貫成一首詩，將孩子撒嬌溫暖的話語變成文字，親友收到明信片都頗為感動，覺得女兒的語言很溫暖，但這些都是我們日常講述再平常不過的話語呀！而文字就是有這樣的魔力，可以讓感動升級。

當時製作的那張明信片，至今我還留了幾張放在家裡，女兒每次看到它，都會走過來緊緊地抱住我。

擁抱常有，愛一直都在。孩子的語言能力快速發展，他們很快就會長大，而孩子內心的語言世界，我們是否保留下來了呢？

✦ 寫作是誰的興趣

我一直有個很大的夢想，希望自己有能力陪伴更多的孩子愛上閱讀與寫作，可是當有家長來瞭解寫作課程時，我還是會問：「孩子要來上課嗎？他願意嗎？」我希望每個來上課的孩子是真心喜歡寫作，而不是「被逼迫」的；我希望他們對於文字是發自肺腑喜愛，而不是為了「配合」爸爸媽媽。

阿傑是「悅讀趣」的第三個學生，他的閱讀量非常少，來上課前有近三個月未曾完整地看完一本書，但是他喜歡來上課，享受大家圍坐在一起閱讀的時光。我永遠記得他初次進到我的書房，懷裡塞滿書時臉上的喜悅。我說：「你先挑一本看，好不好？」

他笑著露出潔白的牙齒：「不要！這些書我都喜歡，每一本我都想看！」

為了建立阿傑的閱讀習慣，第一節課我們並沒有寫作，我陪他一起閱讀，並鼓勵他養成記錄閱讀心得的習慣，以加強對故事的理解，同時也透過練習寫大綱的方式學習寫作技巧。

阿傑的媽媽工作非常忙碌，她希望每次「悅讀趣」課程結束後，都由我送她兒子回家，當我第一次送阿傑回家時，他媽媽開心地迎出來問：「今天上課開心嗎？寫了什麼內容，我看看。」

「不好意思，今天我只是陪他閱讀，還沒有寫作……」

她臉上的笑容立刻消失了。

「沒有寫？那今天的費用要怎麼算？妳這樣就不算是幫他上課了啊，去學習寫作，怎麼可以不寫作呢？」說完她轉而看向阿傑，「你都不專心學習，一定是你不想寫的，是吧！」

阿傑沒有回應，默默地轉身回房間。

「喂，我在問你話呢，沒有禮貌！」媽媽對他喊。然後她看向我問：「那今天上課的費用怎麼辦？」

「沒關係，今天當作是我和阿傑的暖身課，免費。」

「真的嗎，那怎麼好意思呢？謝謝妳喔，下一次上課時間再麻煩妳來接阿傑。」笑容再次揚上阿傑媽媽的臉龐。

下一次上課時，我鼓勵阿傑多多閱讀書籍，沒想到他卻安靜地拿出作文本說：「可是媽媽說今天一定要寫一篇作文回家給她看，她希望看到我有進步。老師，我要怎麼寫才算是進步呢？」

「只要專心寫作，把心裡想要寫的表達完整，在我看來就是進步。」

阿傑點點頭。

我們第一篇的作文就這樣開始了。

這一節的主題是「真高興認識我自己」，我詢問阿傑的興趣、喜歡的顏色，希望能讓他透過寫作，認識最真實的自己。

如何為作文起一個漂亮的開頭呢？

我和阿傑不斷地對話，再將口述的內容整理在稿紙上。當我看到用詞不當時，就會故意問：「這樣的形容詞比較好嗎？還有沒有更合適的？我們再想想好嗎？」

起初阿傑還饒有興致的跟我一起想詞彙，可是當寫完兩段後，阿傑突然停了下來，用筆指著字，嘴裡念念有詞。

「哇，你好棒喔，我寫作時也習慣寫一段就念一次，如果覺得不順口，會再想看看怎麼修改，我相信好的作品都是經過修改後完成的。」我趁機說道。

阿傑隨後寫下55這個數字。看我一臉疑惑，阿傑開口解釋：「我不是在念是不是順口，而是在算字數，媽媽說要寫滿五百字，我現在還差四百四十五個字。」

天吶，五百字！我們日常記錄會去數自己寫多少字嗎？陪伴女兒寫作兩年多，我從來也沒有數過她的作文字數。

我看著阿傑說：「完整記錄或表達你想要表達的內容是我們學習的第一步；第二步是優美地寫好內容，讓內容不累贅且緊貼題目；第三步是精進寫作的內容。練習寫作還要走四五六七八九步……或許到了最後一步，你才要考慮寫多少字數的問題，但只要把前面的腳步走穩了，就像是賽跑，你一定會在規定時間內跑完所有的賽程。所以先好好把前面腳步走穩，我們甚至有可能不需要這最後一步。」

「媽媽說如果沒有寫到五百字，下一次就不讓我來上課了，我希望下一節課我還能來上。」

「我們先寫完作文，完整表達你想要寫的內容，至於字數的事情，我再來跟媽媽協調，好不好？」

阿傑的第一篇作文是經由我們共同討論後完成的。嚴格來說，這篇作品是我和阿傑共同完成，用的是阿傑的語言，但是通過我的整理，讓整篇文章念起來更流暢。我送阿傑回家時，他媽媽迫不及待當著我的面看這篇作文，她沒有提到字數的事情，但是對阿傑滿口誇讚。

接下來的幾次寫作，我仍舊透過幫阿傑整理語言，將其發展成為作品，寫了幾篇之後，我跟他媽媽深入聊了一次，希望她可以瞭解寫作需要循序漸進，閱讀也是，那些詞彙在孩子的心底生根發芽，剛開始（甚至一年）可能看不到樹苗有所動靜，但是當孩子的詞彙一旦累積爆發，他們的成長速度會是很驚人的。阿傑的媽媽一直點頭，我卻沒有收到她把我的話聽進去的信號。

陪伴阿傑寫了六節的寫作課，每次課後他都沉醉在閱讀世界。有一天我提議：「接下來的主題由你自己完成好不好？寫得不好沒有關係，在不斷修改的過程中，我們才會學習到更多寫作技巧，你覺得呢？」

只是，在我又陪阿傑寫了兩篇作文後，阿傑再也沒有來上我的課。

我一直都很想建立跟阿傑的對話管道，可惜每次詢問阿傑的媽媽，都被回說「他很忙」或「他最近比較沒有興趣」等等。沒想到半年後他媽媽主動聯絡我，希望阿傑可以重新回來跟我學習寫作，但是她不斷跟阿傑對話，阿傑都拒絕了她。

「阿傑最聽妳的話，妳找時間跟阿傑聊聊，聽看看他心裡最真實的想法，好嗎？」

「其實我一直都想知道，為什麼當初阿傑突然不來上課了？」我反問她。

原來在我放手讓阿傑自選題材創作之後，阿傑的作文每週都被媽媽大力抨擊，她覺得阿傑剛上課時寫作內容感人至深，後來寫的內容卻都變平淡了。「寫得真的爛透了！

太不用心了！」阿傑媽媽每次看完都指責他，沒有任何鼓勵。她抱怨完又問我：「妳可以找阿傑聊聊，讓他回去繼續上妳的課嗎？」

我想跟阿傑有一次真正的對話，我會鼓勵他不要放棄手中的筆，透過另一種管道跟我保持聯絡，寫郵件、寫信、打電話，任何方式都可以，讓我們建立鼓勵彼此寫作的關係，但絕對不要成為師生。

我不要他的作品被「別人」有所期待，那樣會禁錮他對創作的渴望，我不要他來到悅讀趣是為了成就「別人」的興趣，那樣會加速澆熄他對文字的熱情。

親愛的阿傑，很高興我們彼此陪伴了八節寫作課，我會想念那個流連在我書櫃前的男孩，也會永遠記得你懷裡抱滿書的那一幕——

「你先挑一本看，好不好？」我說。

「不要！這些書我都喜歡，每一本我都想看！」你笑咧出潔白的牙齒，護著滿懷書說道。

希望我的祝福，讓你，和你們，在寫作的路上，永遠都不孤單。

PART

1

陪伴閱讀

陪伴閱讀，一如每天清晨的那杯溫水

自女孩們成為我的孩子後，閱讀從胎教時期便成為生活中必然進行的「儀式」。說是儀式，是因為我對文字自來有一種虔誠尊重的態度，詞句的組成讓我們的心靈獲得成長，豐盈我們的內心世界。當陪伴閱讀成為一種習慣，一如我每天清晨會給孩子準備一杯溫水一樣的自然——我希望清晨的溫水讓我的女孩們身體健康，亦希望閱讀可以成為她們小時候的習慣，長大後的生活。

住家附近有個非常大的圖書館，大女兒在六個月大時，比較有耐心也會坐，我們就經常去那裡報到。她一歲時，小女兒來到我們的生命裡，因為正在教大女兒說話認字，我閱讀繪本時總是一字一句，女孩也跟著我的發音一起練習，而我習慣邊讀繪本邊摸著孕肚，大女兒見狀，也有樣學樣地摸我的肚子，不知道姐妹倆的好感情是不是從那時候就開始建立了呢！

✦從孕期開始陪伴閱讀，成效展現在女兒的閱讀存摺

我一直都相信，胎兒自有心跳那一刻起，就已經在學習與我們成人對話和溝通。小貝比在母親子宮內漸漸成長，聽得出媽媽的聲音，出生後，第一個認識的聲音，應該也是來自媽媽。

在懷大女兒時，我的胎教功課沒有做得很好，所以當又一個生命來臨，我希望自己能用溫暖的力量陪伴她，因此不斷地跟她對話、微笑……如今妹妹已經小學二年級，她的個性獨立、溫暖、愛笑，閱讀量也非常多。

為了培養學生的閱讀習慣，女兒就讀的學校發給每位同學一本閱讀存摺，學生可以將閱讀的書籍存進存摺，由家長或老師簽名確認。姐妹倆每學期在學校圖書館借閱的課外書籍就超過三百本，兩個都被選為模範生，也都在小學二年級獲得市長獎。雖然距離姐姐獲獎已經時隔兩年，但是給妹妹頒獎的老師依舊記得她，還對妹妹說：「果然愛讀書的孩子不會變壞！」

有一次妹妹請老師幫她的閱讀存摺簽名確認，老師對她說：「同樣都是模範生，但是妳每年閱讀量卻是我之前帶過學生的近十倍耶！有些同學升到四年級了，閱讀存摺

還是一片空白。」

姐妹倆的同學很羨慕她們的閱讀存摺，但是光將閱讀存摺存滿就值得羨慕嗎？

✦女孩們存進了閱讀的量，我負責保有她們閱讀的質

為了讓女兒不只是為讀而讀，我會陪伴她們一起閱讀。所以兩姐妹在學校圖書館看完書，回到家，我都會故意撒嬌，拜託她們將書的內容講給我聽。我的「撒嬌求故事」非常奏效，女孩們每讀完一個故事都會跟我分享，而這個習慣也為日後我陪伴她們寫作打下了良好的基石。

胎教時期的閱讀，女兒從在我肚子裡就聆聽媽媽的聲音，讓她們覺得有安全感，成長過程很愛笑，鮮少哭鬧；嬰兒時期的閱讀，使她們擁有專注力，可以在圖書館待一整天，不管是學習繪畫或聽英文CD，都不會受外在因素干擾；學齡時期的閱讀，讓她們學習同理心，培養優良的品德和良好的閱讀習慣。

隨著閱讀量不斷增多，詞彙量越來越豐富，女孩們可以用溫暖的詞彙，形容眼中所

見到的一切事物。像是：

姐姐看著電線桿告訴我：「媽媽，電線桿會發電，裡面一定藏著一個人吧，她得把自己的身體藏得那麼瘦，不要讓她太辛苦，我們用愛來發電吧！」

妹妹看著我張開雙臂，笑著說：「媽媽，妳這樣子好像天使喔！」

從她們出生至今，我們陪伴彼此成長。

女兒從蹣跚學步到奔跳自如，從牙牙學語到出口成章；而我呢，撕掉「文青」的標籤，努力學習成為一個媽媽。擁有她們姐妹倆之後，我既有了軟肋，亦有了盔甲，過去的眼淚與時光都是一條河，不斷地將我們渡向更好的彼岸，去探索未知的美麗風景，而這風景中，怎麼可以缺少閱讀呢？

沒有孩子不愛閱讀，從興趣入手

看到我們家兩個女兒有良好的閱讀習慣，朋友一直很羨慕我，時常跟我抱怨自己的孩子，每次讀書都讀不到兩分鐘。她擔憂地問我：「雙雙，如果現在再不建立他的閱讀習慣，黃金的閱讀時期就抓不住了，怎麼辦？」

朋友的孩子是個五歲男孩，正處於凡事好奇又好動的年紀，她希望我教她幾招，讓這個調皮的小男孩可以在閱讀的世界裡待久一點。

閱讀二字看起來簡單，但是每個孩子個性不同，對應方式也不同。我始終相信，沒有孩子是不愛閱讀的，只是我們沒有找到他們喜歡的書。我觀察到朋友的孩子很喜歡恐龍，於是向他推薦了幾本和恐龍相關的書。

小傢伙看到恐龍就對書愛不釋手，才一天就全都看完了。

「雙雙，這些書的內容也太簡單了，我是不是該再給他買幾本？」朋友問我。

「別急，妳陪著他，讓他把書再翻翻。」

朋友比我心急，說道：「都翻好幾遍了！」

✦五歲小男孩變成恐龍達人

恐龍在六千五百萬年前突然全部消失，這是地球生物進化史上至今難解的謎，我每次看探索頻道，對恐龍和外星人的世界特別感興趣，我相信那個熱愛恐龍的小傢伙也是如此，他一定對恐龍這種生物的世界有更多的想像力和好奇心。我跟朋友建議：「妳陪著他一起慢慢看，看的時候還可以跟他介紹恐龍的成長史和人類的進化史。」

為了讓孩子愛上閱讀，朋友也是下足了工夫，每天陪伴男孩閱讀，也不斷增進自己對於恐龍的知識。她時常會向我「彙報」小傢伙的閱讀進展——他每天抱著那幾本書，要爸爸媽媽講恐龍的故事給他聽，有時候爸媽忙，自己還會從圖片中學習認識新的恐龍……

朋友以為這樣就將小男孩推上了閱讀道路，此後瘋狂購入各種名目繁多的恐龍相關書籍、字卡等等。但不久後，她又向我發出求救：「他覺得自己已經完全瞭解恐龍了，我該怎麼辦？」

閱讀最初起步時，我們要挑選孩子喜歡的書籍，在他們對事物感到新奇時打鐵趁熱，陪他們一起敲開閱讀的大門。

✦帶恐龍朋友一起進入閱讀世界

既然小男孩現在對恐龍如數家珍，我建議朋友，下次陪他閱讀非恐龍的故事時，可以挑一本恐龍的書籍或是一個恐龍玩偶，讓小男孩邀他最喜歡的「恐龍朋友」陪著他一起讀。

過沒幾天，朋友就打電話來說：「太神奇了，他帶著恐龍朋友一起閱讀，我們最近讀了很多故事書，每一本都是和恐龍無關的喔！」

讓孩子愛上閱讀，第一步就從瞭解他開始。

瞭解他的興趣，讓孩子先一腳踏入閱讀的世界，再逐步請他帶領最喜歡的人或物一起在閱讀世界中遨遊，不僅孩子會覺得被尊重，還可以讓他變身為領讀者，感覺自己受到重視，有責任做好領讀者的角色，如此慢慢將閱讀滲透進他的生活，養成日後可隨時與書為友的好習慣。

現在我跟小男孩見面聊天的話題可多了，那個以恐龍為伴，打開閱讀世界的小男孩會很認真地告訴我：

「雙雙阿姨，妳知道恐龍統治地球多少時間嗎？有八千萬年耶！牠們的種類非常多……妳知道暴龍和長頸龍是肉食性還是草食性的嗎？」

小男孩日漸成長，以自己的興趣敲開了閱讀的大門，未來有更多知識等著他以滿滿的好奇心去探索和吸收。祝福你呀，親愛的小男孩！

閱讀習慣已經建立了，還需要陪伴閱讀嗎？

有一次朋友打電話問我在做什麼？

我說：「我在陪孩子們看書。」

聽到我還在陪伴女孩們閱讀時，她語帶疑惑地問：「妳家孩子都那麼大了，閱讀習慣被妳建立得那麼好，為什麼妳還要陪著看書？」

「陪她們一起學習。」

「雖說開卷有益，但她們看她們的書，妳跟著能學習什麼？」朋友好奇地問。

還能學習什麼？生養兩個女兒至今，我們的情感自來親密無間，彼此間的互動溫暖又甜蜜，我們是家人，更是彼此的閨密，縱使我們日常無所不談，一起的閱讀時光依舊可以讓我們更加成長。

透過閱讀，我們可以學習日常不太容易面對的話題。

✦練習面對生死，珍惜現在

小女兒曾經問我：「媽媽，是不是姐姐老了，妳就死了？」以前的我對生死毫無禁忌，自從有了孩子，我覺得自己有責任好好照顧她們，開始對死亡有了忌諱。七歲的小女孩已經知道人死不能復生，死亡意味著永遠離開，儘管如此，我還是不想逃避，我希望她們在面對死亡與分離時，內心並不是懼怕的。

我坦然地點頭說：「是呀！」

感性的女兒立刻哭著抱住我，「媽媽，我不要妳死！我不想跟妳分開！」我也抱著她。「所以呀，寶貝，我們可以擁抱的時候，就緊緊地抱住媽媽，珍惜我們相處的每一秒，好不好？」

女孩用她的小手緊緊勾住我的脖子，把我抱得更緊了。

但是生死這個話題，豈是一句話就能讓孩子完全意會？除了珍惜現在，我們是否還需要在日常練習如何面對生死？我希望女孩們懂得擁有的意義，而我需要做的，是陪她們一起用愛來化解這個沉重的話題。

我陪女孩們閱讀繪本《愛，無所不在》。故事中小蘭的媽媽去世了，她很想念媽媽，但是沒有人願意和她討論死亡這件事情。小蘭的家人告訴她：「**媽媽在風中，我們看不見她，只要閉上雙眼，想著媽媽，就能感覺到她。**」小蘭太想念媽媽了，她決定自己去找媽媽。

她到弟弟的房間裡尋找媽媽，看見弟弟正抱著小熊對媽媽說話；她在自己的房間裡尋找媽媽，看到媽媽送給自己的玩具邦尼兔，而邦尼兔身上有媽媽的味道……小蘭想起媽媽告訴她的話：「**如果想找媽媽，小蘭一定能找到。**」

在尋找媽媽的過程中，小蘭逐漸將實體的愛轉為情感的共享，她體會到媽媽雖然不在了，但媽媽的愛並沒有消失。她閉上眼睛，感覺到媽媽的存在——媽媽是一陣風，媽媽是弟弟懷裡的小熊，媽媽是她的邦尼兔……循著媽媽走過的足跡，小蘭找到了她！找到媽媽的小蘭做了一個甜美的夢，夢裡她被媽媽的愛緊緊包裹著。

故事讀完，身邊的女孩們不約而同給了我最大的擁抱，然後異口同聲對我說：「媽媽我愛妳！」

我告訴女孩們：「小蘭的媽媽雖然不在了，但是她的愛依舊在。」

喜歡畫畫的大女兒指著繪本說：「就像書裡的顏色，失去媽媽、心情低落的小蘭，天空在她看來都是黑色的，可是當她找到了媽媽，書頁顏色也慢慢多了起來。」

「那是因為她找到了媽媽的愛！」小女兒點頭附和。

✦每天和孩子擁抱，記憶每一刻溫暖

這一天，我陪著女孩們又一次談論生死。

我告訴她們：「媽媽也害怕死亡，但與其害怕，不如快樂幸福地迎接每一天，把每一天都過得更有意義，我們要學習感受回憶中的溫暖時光。」

從那時候起，我和女孩們每天都會擁抱，我們將擁抱用在生活的每一個細節裡。清晨的起床時光，我們張開雙臂，以擁抱和親吻喚醒還在沉睡的細胞；接她們放學，女兒總是衝我甜蜜地喊著：「媽媽，我的心肝寶貝，妳終於來啦！」回家的路上，她們牽著我的手，嘰嘰喳喳地跟我分享當天學校發生的所有趣事……。

如果沒有陪伴閱讀，我們無法以愛化解如此沉重的話題，孩子們無法獨自練習生命離去後的道別……人生很多需要學習的課題都藏在陪伴閱讀的故事中。陪伴孩子一起閱讀，那些閃著愛的光芒的故事，在等待我們共同去閱讀它，領悟它。

挑出繪本裡的詞彙，舉一反三用於生活和作文

在閱讀繪本時，常會遇到一些富有表現力的詞彙，每次看到我都會挑出來跟兩個女兒互動。有一次我們讀到「緣分」這個詞，我問女孩們是否真的瞭解這個詞的意思？大女兒告訴我：「緣分就是彼此遇見了，而且還發生了一些故事。」小女兒立刻開心地抱住我，「就像我有機會讓妳成為我的媽媽，這就是緣分！」

我時常感慨也感謝女孩們在今生選擇我成為她們的媽媽，讓我們在母女修行的道場中行走得越來越順暢。透過她們，我看到生命及個性的綻放。

而緣分這個詞彙只適用於家人嗎？為了讓女兒更瞭解這個詞，我跟她們說了幾個因彼此遇見所發生的故事。

✦ 許仙與白素貞「有緣千里來相會」

中國有非常多的愛情故事，《白蛇傳》中許仙與白素貞的「有緣千里來相會」是我跟女孩們分享的第一個緣分，姐妹倆對具有神話色彩的故事展現出極大的興趣。由於我寫過小說，也從事編劇工作，會本能地匯總各類相同的故事題材，不管是白娘子傳奇、白蛇傳，還是雷鋒塔，在坊間流傳的故事、相關小說、電視劇或電影中都呈現出不同版本，我將所有的版本匯總，開始跟女孩們說這段淒美的愛情故事：

修煉千年的白蛇為報恩，化名白素貞，與青蛇一同下凡至人間找到許仙，與他結為夫妻，並且開了家藥鋪營生。白素貞深愛許仙，為了濟世救人，不惜犧牲自己千年的道行，可是兩人還是沒能過著幸福快樂的生活。同樣與白蛇和許仙有著不解之緣的法海出現後，劫持了許仙，白素貞為救夫，大戰法海，導致水淹金山寺，鑄下大錯，被法海以法力鎮壓於雷鋒塔下靜心修煉。

講完後，我問仍沉浸於故事中的兩姐妹：「這個故事裡有哪些緣分呢？」

女孩們紛紛提出自己的緣分說：

「白蛇遇見了青蛇，帶著她一起去找許仙，算是緣分！」

「白素貞和許仙結婚是緣分！」

「法海救了許仙，他們之間有發生故事也是緣分！」

我很高興她們能夠在一段短短的故事中，快速抓到故事主軸，找到了以愛情為主的

「緣分」。

✦唐僧與孫悟空等來的師徒情

接著我又跟女孩們分享《西遊記》的故事。

孫悟空在五指山下等待五百年，只為了與唐僧相遇，脫離五指山的禁錮。他假意拜唐僧為師卻誤戴緊箍，這份「禮物」是充滿智慧的觀世音菩薩特別為孫猴子準備的，它見肉生根地緊緊箍住了孫悟空，而為了不讓唐僧念緊箍咒，害自己頭疼欲裂，孫悟空於是陪同唐僧西遊取經。但他並不是真心的，在取經路上，師徒歷經九九八十一難，兩人之間的感情備受考驗，火眼金睛的孫悟空三打白骨精，被師父懲罰而負氣離開，卻在唐僧受困之際出面化解危機……在漫漫的取經路上，師徒的緣分從互不相識到彼此相知，最終不僅順利取經，也完成了各自在人生路上的修行。

女孩們很喜歡調皮的孫悟空智鬥各類妖魔鬼怪的橋段，小女兒說：「孫悟空和各路神仙也很有緣分呀，每次在危難時刻，那些神仙都願意出來替他收伏妖怪！」

我聽了心中暗喜，簡單一個「緣分」，透過不同的故事講述，不僅使女兒更加理解這個詞的含義，還讓我們有了相處說故事的時間，真是一舉數得！

✦透過日常互動讓孩子學會詞彙應用

正因為有這些日常的詞彙互動，女孩們對於詞彙的應用越來越靈活。有一次我接小女兒放學回家，她突然握住我的手，往我手心呵了一口氣。

「媽媽，妳感覺到什麼呢？」

我說：「暖暖的。」

她搖頭，「不對喔，再給妳一次機會。」

我立刻意識到這是女兒給我的甜蜜驚喜，笑著說：「是滿滿的愛耶！」

女孩笑出一臉燦爛。

「哇，妳答對了！我們心有靈犀嘍！」說完還調皮地給了我一個「啾咪」。那時候還是冬天，風大，空氣潮濕，路人們紛紛低頭快步走過，迎風站著等紅綠燈的母女倆卻滿臉笑容，我被女兒暖的不僅是手，還有心。

閱讀時與女孩們分享詞彙，透過詞彙講一些故事或是造詞造句，這些日常的養成，也在日後陪伴女兒寫作時起了非常大的作用。她們總是可以舉一反三想出很多詞彙，推敲每一個用詞，並將最準確的詞彙放在語句當中。

大女兒有一次以〈快樂是什麼〉為題，寫說：

快樂是和夥伴們追逐玩樂的刺激，
快樂是和朋友們分享的喜悅，
快樂是與家人相處和享用早餐的幸福，
快樂是與家人逛街購物的□□

最後空格中要填入的詞彙，女兒思索良久，她先是用了喜悅，可是覺得與前面的詞重疊了，最後她在空格裡寫下「甜蜜」二字——快樂是與家人逛街購物的甜蜜。寫完之後，她感到很滿意。

陪伴孩子閱讀時，挑出詞彙跟他們再講解，培養孩子對文字的敏銳度，當他們拿起筆寫作時，腦海中的詞彙會源源不絕地從筆下蹦出，寫作對孩子將不再是個難題。

陪孩子閱讀，學習「被瞭解」

讓孩子們愛上閱讀後，我對她們閱讀的內容從來不設限。她們愛植物小百科，喜歡探索大自然的奧秘，我跟她們一起對大自然的萬物充滿好奇，讓閱讀可以無時無刻地在我們生活周遭出現。

更重要的是，在陪伴女孩們閱讀的過程中，我們學習「被瞭解」。每一個故事裡，都藏著一個靈魂，這些故事中的主人翁在被我們瞭解的同時，我們自己也被他們的故事所影響，不知不覺連自己也被瞭解了。

比如我陪女孩們閱讀繪本《短耳朵的蘿里》。起初，我是在某個午後獨自看到這個故事的。故事中兔子蘿里發現自己耳朵比其他的兔子短，令他覺得很自卑，決定不再當兔子，於是他離開夥伴們，獨自前往陌生地。為了不讓別人覺得自己與眾不同，蘿里把自己扮成狗，和狗兒們一起生活，但是他並不快樂；他看到小熊，覺得小熊的耳朵短短的，就改偽裝成小熊，在熊的圈子裡努力模仿他們的生活方式，可是蘿里仍然不快樂；之後他回到兔子群，發現並沒有人因為他耳朵短而排擠他，大家反而非常想念他，後來蘿里終於決定做回兔子，並且發現做自己才是最快樂的！

我們或多或少都曾做過這樣的蘿里吧，為了表現合群，不斷改變自己去迎合別人，但如果連自己都不愛自己，如何希望別人來愛自己呢？如果我們不讓自己先擁有愛自己的能力，又如何去愛別人？

✦ 建立自信心與學習同理心

當我和女孩們共讀《短耳朵的蘿里》時，我告訴她們，每個人都是獨一無二的，我們有自己存在的意義，以此來建立女孩們的自信心。所以我們要瞭解自己，更要設身處地為他人著想，培養孩子從故事中學習到同理心。

我問女孩：「如果妳們認識蘿里，會怎麼處理自己和蘿里之間的關係？」

女孩們的回答讓我很感動，她們告訴我，如果她們是蘿里的朋友，會去找蘿里，不會讓他孤單地一直扮成別的動物。她們會鼓勵蘿里，消除他內心的顧慮，跟他成為好朋友，並且告訴他做自己才是最快樂的事情！

大女兒還說：「蘿里的不快樂，是因為『他覺得……』，但是很多事情並不是像他所想的那樣。」

「所以要認識自己，就算發現自己和別人不一樣，也要努力發掘自己的獨特之處，去展現它，這比盲目地改變它更快樂，是不是？」我趁機機會教育。

大女兒點頭說：「對呀！就像是我們要發現自己的興趣一樣，我喜歡畫畫，雖然小時候畫的畫很醜，但是我還是很喜歡畫，在畫畫的時候我最快樂！」

✦快樂做自己最幸福

喜歡唱歌的小女兒一直很想在同學面前表演，但是她的個性有點害羞，所以一直都沒能實現這個想法。有好幾個晚上，她在浴室洗澡都會一邊哼歌，後來她當著全班同學的面唱了歌，老師讚賞她的勇氣，為她豎起了大拇指。當女孩把這件事情告訴我，我抱著她說：「妳真的好棒喔！」

「姐姐在畫畫的時候最快樂，而我在唱歌的時候應該也是快樂的。」

我說：「快樂做自己果然很幸福！」

小女兒眼睛閃亮亮的看著我說：「媽媽，我再唱一次給妳聽吧！」

那天女孩從廚房唱到了浴室，又沿著樓梯一次次地唱了無數遍，我可以感受到她歌聲中的自信與快樂。

✦以正面思考看問題，學會和自己相處

從閱讀世界中，我跟女孩們都養成了正面思考的能力，我們彼此影響，看待問題更加正面積極。

小女兒學了一學期的象棋，當學校舉辦競賽時，她毫不猶豫就報名參加，雖然最後輸了，可是她卻非常開心地告訴我：

「媽媽，我那個對手超強的，她真的很厲害喔，看得出來每一步棋她都有先想過，不過這些我都學起來了，下次也可以來試試！」

瞭解和認識自己，是人生的一大課題，與其等孩子長大，去探索與自己的和解之路，不如陪孩子一起長大，讓他們從閱讀中學習如何與自己相處，這樣日後即使面臨困境與挫折，他們的情商和智慧會將所有的逆境都變得溫暖陽光起來。

爸爸，我們也需要你的陪伴

聽說過假性單親家庭嗎？

夫妻雙方結婚，育有子女，但不管是教養孩子或照顧家庭，皆由妻子或丈夫一人承擔，另一位成員在家庭中的存在似有若無，只在孩子繳納學費、家庭聚餐日，或是吃年夜飯時才會「偶爾」現身，而家中另一半身兼數職，照顧家庭、陪伴孩子，婚姻狀態看似存在，卻跟單親家庭沒兩樣。根據統計，像這樣的假性單親家庭，被假性單親的基本上多為全職媽媽。

我也曾因生育孩子離職而成為全職媽媽，陪伴家中兩個女孩的成長。在有幸出版人生第一本小說後，我的工作場所從公司移到家中的書房，但因為必須分心照顧孩子，我的時間被分割成無數的碎片，真正屬於自己的時間少之又少。

有一段時期因先生工作需要，我們夫妻分居兩地，每年相見的次數不到四次，而他每次回家最多只停留一週，後來我跟先生聊過：「為了給孩子們良好的生活環境，我們要努力奮鬥，但是這種生活真的是我們想要的嗎？人生對於幸福的定義是什麼？幸福是給予更多物質的滿足，還是精神上的陪伴？」

感謝先生的體諒，後來他辭去異地的工作，我們最終選擇了一起陪伴孩子成長。

✦ 為人母才知親情遠勝一切

放棄一份穩定優渥的收入，對家庭的衝擊是必然的，我們花費將近五年的時間，才終於從低谷的辛酸逐漸走出。這五年中，我們彼此鼓勵扶持，現在回頭看那五年，竟感謝有那段時光讓我們共同經歷，因為擁有吃苦的幸福，更懂得彼此存在的重要意義。

先生個性內斂，總會將好吃的都留給女孩們；知道在季節更替時，早早為女兒添購衣物；也會留意女孩的書包是否要更換了，並著手尋找適合她們年齡的書包。食衣住行皆包辦妥當，是個好爸爸，只是他不善表達，和女兒的溝通僅止於此，心靈層面的對話鮮少在父女間出現，而這當然不是我樂見的。

我兒時跟父親也總隔了一層距離，想親近他，卻找不到理由；成年後，因他與母親分開，曾一度斷了聯繫，直到我當了媽媽，才真切體會到親情這條線並非說斷即斷，畢竟血濃於水，親情遠勝一切。

我也慶幸自己晉升為母親，藉著女兒這道橋梁，在父親、女兒與爺孫間建立了深厚的感情，並且開始逐步瞭解父親，體諒他的艱辛，也學習看到他關愛我們的生活面。同時因為心疼父親，言行間自然會將姿態放得更柔軟，與父親之間的關係因此大大改善，日漸親密，無所不談。

不管是在生活中遇到的困境、婚姻中遭逢的難題，我都可以從父親那裡得到幽默貼心的解答，我與父親的這場和解，何嘗不是與過去青春任性的自我和解呢？亦因為經歷與父親這樣的轉變，我希望女兒與她們的父親可以親密無間，無話不談，既然先生寡言，不善言辭，就讓可愛活潑的女孩們盡情去「騷擾」他吧！

✦ 女兒是父親上輩子的情人

我時常為女孩們與先生製造相處機會。女兒是父親上輩子的情人，她們的甜言蜜語總是能快速收伏內斂木訥的老爸，自從先生不再長時間出差後，女孩們日漸依賴父親，而先生覺得自己有被需要，隨著孩子的成長，家中的氛圍也逐漸變得不同。

女兒放學回到家，不止是跟我分享大小事情，更願意將心中秘密毫無保留地掏給她們的父親，有時候我人在樓下房間，都能聽到他們父女在廚房聊學校發生的趣事，父女之間甜蜜的互動，趕走了辛勤工作一天的疲乏和勞累。即使女兒偶爾惹爸爸生氣了，我也都會先安撫先生的情緒，找機會跟女孩們溝通，讓她們體諒爸爸工作的辛勞，瞭解爸爸對她們的愛。

✦一時矛盾有賴適時的溝通化解

一旦女兒犯了錯誤，我也鼓勵她主動向爸爸認錯。

有一次姐妹倆上完當天的美語課程，回家已經很晚了，先生心疼女孩們，希望她們早點休息，但是小女兒卻執意要自己洗便當盒，先生察覺有異，一問之下才發現她中午顧著玩，把學校營養午餐原封不動裝在便當盒裡帶回家，我和先生雖未嚴格制定家規，但浪費是絕對不能縱容的。小女兒知道自己犯錯，卻固執地不願意道歉，父女一時僵持不下，我只得先把先生勸開，再來跟女兒好好溝通。

我跟小女兒說：「這麼晚了，爸爸心疼妳明天還要上課，我們也要心疼爸爸上班一整天的辛勞，看著食物被浪費，我們都覺得很難過。我知道妳不是故意的，但該道歉的時候，還是要道歉喔！」

女兒把我的話聽進去了，趁著先生在廚房洗碗的空檔，她悄悄走過去向爸爸道歉，說完還忍不住抱著爸爸大哭，一時間的矛盾總算順利和解。

我為他們父女之間搭建溝通的橋梁，先生因此也常默默幫助我，如果我跟女孩們當天溝通不順暢，他也會以同樣的方式，先穩住我的怒意，再跟女兒逐步溝通，讓我們彼此都能將矛盾化解開來。

更有趣的是，孩子偶爾也會當我和先生的溝通調解員，她們會寫紙條給我，也會跟爸爸柔性溝通，全家都是以這樣正面的態度迎接未知的每一天。

請爸爸念睡前故事給孩子聽

除了日常的溝通，我也非常鼓勵先生為女兒念睡前故事。以前都是我陪伴孩子們閱讀識字，建立起良好的閱讀習慣，除了我本身喜歡閱讀之外，也因為我陪在她們身邊的時間最多，朝夕相處之下，習慣成了自然，但我不希望這最終成為理所當然。

一個家庭中，媽媽開心是這個家快樂的源泉，而爸爸一定是領軍的靈魂人物，因此我無時無刻不以各種方式告訴先生——「我們需要你。」

也因為感覺到被需要，先生願意放下手機，加入女孩們的遊戲中；他願意學習聆聽孩子的聲音，原本內斂的個性逐漸被我們母女感染，開始會跟我們互動嬉鬧，偶爾還說笑話逗我們開心。

那麼，是否可以請先生也陪伴女兒睡前閱讀呢？

✦邀家人陪伴閱讀，永遠都不嫌晚

先生初次給女孩們念睡前故事，她們姐妹都已經進入小學了，但是別擔心，任何時候邀請家人陪伴閱讀都不嫌晚。女兒對念睡前故事的人換成爸爸覺得很新鮮，兩雙眼睛都閃閃發光；而第一次為女兒念睡前故事的先生則略顯羞澀，拿起書就照上面字句慢慢地讀著。

姐妹倆對於爸爸的初次閱讀顯然不買帳，照本宣科讀下來，沒有絲毫戲劇張力，於是開始出題考驗爸爸的記憶力。

「爸爸，你剛才讀的上一段，那個小女孩說了什麼？」

先生雖然是照著繪本念，但他的記憶力驚人，儘管初次閱讀繪本，卻很快地迴轉倒帶，將上一段又講述了一次。

女孩們因此不斷地提問，拋出更多的為什麼，而先生也一一耐心解答，直到姐妹倆甜蜜入睡。有了初次陪伴閱讀的經驗，之後先生跟我分享說他覺得每天陪伴孩子閱讀並非易事，可是看著她們熟睡的臉龐，伴著故事恬適入夢，卻又感覺如此幸福。

鬼靈精怪的女孩們還想跟爸爸繼續鬥智。

某一天睡前，女兒刻意挑了一本故事書要請爸爸讀，繪本名稱叫做《我絕對絕對不吃番茄》，以前她們曾經在睡前讀給我聽過。故事中哥哥查理將食物形容成各種形狀，讓原本挑食的妹妹蘿拉漸漸接受了所有食物，包括她最抗拒的番茄。

女孩們對繪本內容非常熟悉，丟出一連串問題考他。「爸爸，來自橘星球的食物是什麼？日本富士山的一團白雲又是什麼？」

先生沒有讀過這個繪本，好脾氣的他也不著急，只將問題巧妙地回給她們：「橘星球的食物，是不是和橘色有關？我們來列舉生活中有哪些食物是橘色的？」

「胡蘿蔔！」女孩們迫不及待回答。

「來自橘星球的食物，一定是胡蘿蔔！」先生胸有成竹地說道。

「哇！爸爸，你好厲害！你怎麼知道！」

先生暗自偷笑，幽默地說：「因為我有讀心術啊！不過來自橘星球的食物有很多，妳們知道還有什麼嗎？」

女孩們搖搖頭，「不知道，爸爸，你快公布答案！」

「有南瓜。」先生拋磚引玉。

「柳橙算不算？」大女兒問。

「那我最喜歡的木瓜也是來自橘星球嘍！」小女兒笑著說。

接著先生又問：「日本富士山的一團白雲是什麼？」

「爸爸，我知道，那是馬鈴薯泥！」

就這樣，原本是孩子們故意「為難」爸爸而丟出問題，卻在先生巧妙的化解之下，父親和女兒之間完成了一次愉快的閱讀。

✦孩子不挑食，成了閱讀之外的收穫

而我竟是這次閱讀的最大受益者！

在先生讀完繪本《我絕對絕對不吃番茄》之後，原本還對番茄很抗拒的大女兒突然愛上了番茄。

不僅如此，某天晚上我還親耳聽到女孩們以這個故事編唱睡前安眠曲：「我們一起瞭解來自橘星球的胡蘿蔔、綠色王國的綠雨滴豌豆、日本富士山的一團白雲馬鈴薯泥，以及來自海洋的零食且是美人魚最愛的炸魚塊……」

這些生動的詞彙，不僅讓大女兒不再挑食，更讓我們領略文字組合的美感。當女孩們跟我一起進入廚房時，我們的聊天內容也常常是：「媽媽，我需要花朵一樣的胡蘿蔔，我要讓它在盤子裡綻放！」

鼓勵爸爸加入每天的閱讀行列，不僅可以讓爸爸在睡前與孩子們親密互動，更可以讓歡笑趕走一天工作的疲累。哪怕我們每天給予孩子的，只是那短短十分鐘，都足以讓家人間關係更緊密，孩子也會更體諒爸爸的辛勞。

現在的我們，每晚都會有睡前故事，重要的不是由誰來說故事，而是我們全家人都圍坐在一起，共同說（聽）完一個睡前故事。

勇敢告訴爸爸我們有多需要他，讓他陪伴我們一起。拒絕假性單親家庭，踏出這熱情的一步，每天付出一點，我們就會為家庭收穫多一點的幸福。

閱讀後的即興表演，可以強化詞彙量

電視劇或電影場景中，父母倚在床邊，手捧著故事書，輕聲為孩子念睡前故事，孩子臉上充滿了期待的甜蜜笑容，故事從「很久很久以前」開始，以「從此他們過著幸福快樂的生活」結尾，然後孩子閉上眼睛，幸福地進入夢鄉，父母留一盞昏黃的夜燈，親吻孩子的額頭，退身離開房間……。

看到這個場景，不管是家長還是孩子，總覺有股暖流在心頭湧動。很多家長也許心裡想著，我也要這樣陪伴孩子閱讀，親吻他們時還要說一句：「寶貝我愛你。」

可是現實場景是：忙碌一天的父母回到家，只想短暫地放空，有一段屬於自己獨有的時間；孩子電力十足地沉陷在玩具或電視劇情中；洗碗槽裡堆滿了待洗的碗盤，媽媽正惆悵地待在廚房與家務奮戰……這些日常的生活畫面，與電影中看到的截然不同，但陪伴孩子們閱讀，還是不能放棄。

為了讓女兒愛上閱讀，在她們嬰孩時期，我就讓孩子與書為友，與字為伴。家裡任何場所都可以是閱讀區，沙發、書房，甚至是廚房和浴室，書本隨手可得，但是可以吸引孩子玩樂的事物太多，白天姐妹倆喜歡去公園跑跳，在大自然中探索四季的變化，在遊樂園感受隨音樂轉動的驚喜與速度的刺激感，於是我將閱讀的場景轉換，除了日常的閱讀，我花更多精神在睡前為她們說故事。

✦聽故事入眠的孩子對故事渴求更甚

在女兒精力旺盛的嬰幼兒時期，我會在哄孩子入睡時給她們編故事，此時我儲備的故事量有限，很多故事都是我自己即興創作，像是：「我們家有兩隻小豬，大的叫姐姐，小的叫妹妹，有一天，姐姐帶著妹妹出去玩，原本晴朗的天空突然下起雨，她們沒有帶雨傘，跑啊跑啊，跑進一片樹林裡，哇！真是太神奇了！樹林裡沒有雨，天空中閃著粉紅色的光，這是什麼呢？」

女孩們停止嬉鬧，開始認真聽我說故事，她們很想知道，那些粉紅色的光是什麼？保持她們的好奇心，用故事做為她們每晚的催眠劑，後來女兒習慣每晚睡前都有故事可以聽，甚至前一晚她們就把想聽的故事書都找好了。

「媽媽，明天讀這本好不好？」

✦ 睡前表演故事讓孩子的學習變得更有趣了

上小學後，姐妹倆對故事的渴求更加顯著，常常很快速就看完一本書，而且表現力也逐漸展現。有一次睡前說故事時間，我建議她們合演一個故事，比如姐姐讀故事，妹妹根據姐姐所讀的內容來場即興表演，從此她們對於每晚的睡前表演時間更加期待，房間內每一晚都像在開派對，歡聲笑語不斷。

透過閱讀和表演，我發現孩子們瞭解的詞彙更多了，她們開始知道哪些是動詞，哪些是成語。

有一次妹妹在表演故事時認識了「鼎」，她說：「媽媽，我每天去學校的路上，都會看到一家叫『鼎香』的火鍋店，以前我一直不認識這個字，今天我總算認識啦。」

「妳知道『鼎』是什麼意思嗎？」

女孩搖頭，「不知道，但我曉得它有個成語叫『一言九鼎』！」

為了讓孩子的表演更具形象，我告訴她，「鼎」是古代用來煮食物的器具，它的重量都很重；「九鼎」則是寶器，代表著九州，但同時也別有寓意，說明一個人說話非常有分量，像「九鼎」那麼重。

女孩先是秀了秀手臂肌肉，隨後演出一副很吃力的樣子，表示她完全搬不動這座「鼎」，可愛的模樣讓我和姐姐都笑了。

✦ 全家人攜手演出的故事時間

除了表演故事，我們還會「說」故事。

女孩們漸漸長大，她們獲取故事的管道越來越多，學校圖書館是她們常去的駐點之一，此時睡前說故事的是我們全家人，連原本害羞木訥的先生也被我拖進閱讀的行列，我常跟女兒撒嬌，讓她們講或表演睡前故事給我和先生聽（看）。我們的睡前故事場景早已不再是由我單人主演，形式上也不再是捧著繪本或故事書照讀，我們一家四口常常躺在一起，頭微微靠著，將臥室燈光調暗，你一言我一語地說著故事的進展，說到有趣的點或是溫暖感性的角色，我們或開懷大笑，或相互擁抱。

陪伴女孩閱讀的路，走了這麼久，過程漫長卻不累，將來若是老了，這些都會是我回憶的一部分，它們感性中閃著光，溫暖中卻又帶著淚。

閱讀將獨立的種子撒在孩子心上

母親曾來台灣生活一個月，為了讓她熟悉住家附近的環境，我原本想畫一張地圖給她（當初我來台三個月還是不斷迷路），沒想到女孩們自告奮勇：「媽媽，妳不用辛苦畫地圖，我們帶外婆到處走走逛逛，一定會把周圍環境跟外婆介紹得清清楚楚！」

女兒成長至今，我一直不敢放手讓她們自己出門，但是當姐妹倆提出要帶外婆外出時，我內心雖然糾結擔心，最終還是點了頭。

那天女孩們和外婆一出去就是五個小時，我在家裡非常著急且煎熬，腦海中不斷想著：怎麼辦，她們會不會迷路了？她們遇到什麼困難了嗎？我的女孩們可以順利解決路上遇到的難題嗎？

結果是我多慮了。兩個女孩一臉開心地把外婆帶回家，你一言我一語地跟我分享她們去了哪些地方、做了哪些事、路上吃了什麼好吃的。

✦兩雙小手牽著外婆出門逛大街

因為我常帶她們姐妹逛菜市場，所以她們先帶外婆去熟悉了菜市場，哪一家的菜最新鮮，哪一家的豬肉分類最清楚，哪一家的花店是我的最愛，女孩們如數家珍。逛完菜市場，她們又帶著外婆一路走到學校，讓外婆熟悉路線，因為姐妹倆已經計畫好，未來一個月都將由外婆陪著她們上學。

介紹完周邊環境和幾個主要的點之後，女孩們帶著外婆進行一趟簡易版的台灣行。妹妹說她請外婆喝了住家附近最好喝的珍珠奶茶（那一家品質確實是最優的），隨後又陪外婆去逛老街，幸福的祖孫時光總是過得特別快，讓我焦慮不已的五小時，卻是她們與外婆甜蜜共處的五小時。

母親看出了我的焦慮，笑著跟我說女孩們真的很棒——過馬路會看紅綠燈；去菜市場會跟她介紹台灣獨有的蔬果；路過藥妝店時，她想要買一支護手霜，女孩們還會貼心地幫她挑選。母親說大女兒把每一支護手霜都拿起來看，仔細比較產品成分和產地，然後針對她的需求挑了一款不油膩、吸收力快且極度保濕的護手霜，才帶著她一起拿去櫃台結帳；去老街的時候也像導遊一樣，為她介紹我陪伴她們走過的足跡，還把老街的文化介紹念給外婆聽……。

母親告訴我：「妳把她們培養得非常獨立，是時候放手了，放手後她們的成長空間會越來越大。」

✦ 適時放手，愛文字的女孩世界更開闊

我的女孩們獨立嗎？我想起我們朝夕相處的點滴。

女孩們熱愛閱讀，對任何文字都不放過，而我這個在生活中稍顯「遲鈍」的媽媽，時常都要靠女兒為我解惑。

我感冒的時候，她們幫我分類感冒糖漿適合哪一種症狀；我不知道如何使用過敏用的鼻噴劑，她們看著說明書一步步為我講解，大女兒還特別上網查了噴劑的成分，叮嚀我改善過敏症狀不能太依賴藥物，要從根本防治，所以外出時她會提醒我戴口罩，小女兒包包裡則常備紙巾，以防我的過敏噴嚏隨時發作。

組裝從宜家搬回來的書櫃時，女兒是爸爸貼心的小助手；她們知道我熱愛廚藝，若是在書上看到可口的食譜，都會用心幫我記錄，完成一個蛋糕需要幾克麵粉和糖，發酵時間該如何計算，南瓜和番薯焗烤的時間……這些我所遇到的難題，在她們面前通通都不是問題。

我一直擔憂女孩們無法獨立，卻沒想到在潛移默化的陪伴閱讀中，已將獨立的種子撒在她們的心上。她們心田上獨立的種子早已發芽，只有我未能及時覺察。

某天晚上，我經過女孩的房間，她們正在跟外婆對話。

女孩問：「外婆，妳喜歡吃咖哩飯嗎？」

母親說：「我沒有吃過咖哩。」

「這是一道非常營養美味的料理，沒關係，我看過這道菜的食譜，我教妳！」

第二天，我看到女孩坐在書桌前畫畫，她畫的是做咖哩飯的步驟圖，小女孩的神情專注又認真，畫完後還特別跟她外婆說：「要記得用這個牌子的咖哩喔，它的成分最簡單，可是也最美味！」

母親抬起頭，意味深長地看著我微笑。

我知道她笑容中的意義，就像她之前跟我說的：是時候放手了，放手後孩子的成長空間會越來越大。

她們透過閱讀，學習如何解決難題，而我需要放手，讓孩子擁有更多成長的空間和力量。

晚安前給孩子釀一個溫暖的夢

有一次，公司在做機器人的閨密找我聊天，問我如果家裡有一個機器人，最希望機器人陪伴孩子做什麼事情？

雖然我不贊成讓機器人陪伴孩子，但在現今忙碌的時代，未來高科技進駐家庭生活並非不可能。如果，我是說如果，未來高科技機器人是家家戶戶必備的「硬體」，我心裡最想要的，應該是希望家長可以藉由機器人這個媒介，陪伴孩子好好閱讀一本書。

閨密在涉足機器人行業之前，曾策劃多本經典暢銷的育兒書籍，我們的想法不謀而合，但這個想法雖然好，卻有不少現實問題擺在眼前，例如，閱讀的故事該如何挑選？機器人可以靈活應對孩子們隨時提出的各種問題嗎？萬一機器人的回答不是孩子所想的，我們要怎麼彌補帶給孩子的失望？

後來我跟閨密把這些問題全都列出來，她還特別找了《好奇猴喬治》的故事給我，希望我將這個故事做成錄音檔，看看放在機器人身上是否適合。於是有一天晚餐後，我初次嘗試錄音，小女兒好奇地陪在我身邊，時不時地捂嘴偷笑（事後我詢問小女兒，原來她不習慣聽我字正腔圓地讀一本故事書），直到我放出來聽，我才明白小女兒捂嘴偷笑的真正原因。她不習慣的並不是我的發音，而是全程沒有任何互動，故事讀得過於平順，聽起來冷冰冰的，不夠溫暖。因此，我把只錄了三分之一的音檔發給閨密，希望她聽了之後再做評估和後續改善。

✦ 讓機器人陪伴孩子閱讀，可行嗎？

幾天後，閨密發訊息給我，希望我把故事錄完，並且要我在故事中加入問題。於是在錄製故事前，我開始做一些前期的準備工作，試著在故事中加入問題，比如：

猴子喬治好奇地看著飛翔的海鷗，他也很想飛起來。他打算試一試，就從甲板上往水面跳了出去。喬治發出了「啊啊啊啊……怎麼飛不起來，哎呀，啊……」的慘叫，伴隨著落入水中的撲通聲。我在此時加入問題：「小朋友，你猜喬治怎麼了？」

版本一：「很棒喔，你猜對了，我們可憐的喬治掉進了水裡。讓我們接著聽看看他還遇到了什麼事情！」版本二：「繼續聽下去，一起來找答案，看看喬治到底怎麼了？」

我錄製兩個版本是為了方便閨密後期的剪輯製作，如果機器人在詢問問題時，孩子答對了，機器人就會說出版本一，故事繼續；如果機器人與孩子的互動不順暢，機器人則會答出第二個版本，故事依舊可以繼續。

小女兒一直很關注我錄故事，前幾天還在一旁捂嘴偷笑的她，突然開口問我：「媽媽，我可不可以跟妳一起錄完這個故事？」見我點頭，女孩雀躍地發出歡呼。

《好奇猴喬治》是一本有趣又活潑的繪本，我跟女兒的分工很簡單，女兒負責說出喬治的臺詞，剩下的交給我。此時已接近女兒的睡覺時間，因此我們將錄音的場所搬到了床上。正式錄音前，我跟小女兒反覆將故事順了幾次，直至她確認可以，就開始我們的首次合作。

錄音時間雖然不長，卻與我跟女兒每天的睡前故事不太相同，小女兒在說完喬治的臺詞時，總會抬頭朝我會心一笑。故事錄完了，她的瞌睡蟲也隨即登門造訪，女孩摟著我的脖子跟我道晚安，抱著棉被不過數秒就進入熟睡狀態，但是我看得到，她嘴角微微翹起的笑意，是多麼甜蜜。

閨密嘗試將我錄製的故事版本與機器人結合，但這個專案需要投入的人力和精力太過龐大，最終還是不得不中止。得知消息後，我和閨密都沒有覺得失望。讓機器人陪伴孩子閱讀，是對那些沒有人陪伴閱讀的孩子的心靈彌補，我們期盼以自己點滴之力將閱讀滲透進孩子們日常的生活，但是，透過我和女兒的互動，我和閨密都發現，就算高科技發展迅猛，仍然無法取代父母與孩子之間的親密互動。親子閱讀的時間，我們可以隨時發問，而不是只在某一章節對事先設置好的單一問題做出回應；我們可以隨時擁抱親吻，互道晚安，而不是在聽完故事後，還是對著一個沒有溫度的機器人。

在女孩們幼小的時候，我為她們念睡前故事，待她們長大後，能識字了，我們的閱讀時光變成了給彼此讀故事。妹妹常在睡前問我：「媽媽，妳今天想聽什麼故事？」姐姐也會告訴我：「媽媽，我今天在學校看到一個故事好感動，我講給妳聽好不好？」

我只管打開我的耳朵，任女孩們在我耳邊講故事給我聽，一遍又一遍，她們或聲情並茂地朗讀，或神情百樣地扮演故事中的角色，睡前的時光被渲染得像是抹了一層蜜，待故事結束，我們有默契地擁抱，互道晚安，我能清晰採得女兒嘴角和眉眼間的笑意，就這樣，在彼此道了晚安後，我們總能一夜到天明。

真心希望，每個父母可以留十五分鐘的時間，在睡前，為孩子們讀一段小故事，在晚安前，給孩子釀一個溫暖的夢。

專欄 Column

紙本書，永不永不說再見

二〇一六年，我寫了《聽孩子說，勝過對孩子說》這本書，記錄陪伴兩個女兒十年成長的感悟，這不是一本說教式的親子教養書，只是一位母親記錄與女孩們的成長和獲得。同年夏天，繁體中文版授權在海峽兩岸圖書交易會（以下簡稱海圖會）上正式簽約，簽約儀式當天我並未到場，但是隨即而來的週末，我因為要去拜會出版社長官，就帶著兩個愛書如命的女兒一起進入圖書世界。

海圖會匯聚了諸多精品出版，女孩們一進到會場，就連連發出驚歎。當我與出版社的長官碰面時，她們再也按捺不住心頭的雀躍，迫不及待地開始在各個展示攤位間尋找目標。在我與出版社編輯及經理寒暄之際，只見大女兒已經在書架前盤腿而坐，迅速進入了她與書的世界。

我與出版社的編輯朋友們互動的同時，看到一位儒雅的先生彎腰跪坐在地上，不時調動手中的鏡頭，捕捉女兒閱讀時專注的表情。我以為這只是書展中一段小插曲，在我結束跟出版社長官的會談，回頭去找女兒時，才發現原本只是單一的拍攝，居然變成眾多人都在

抓拍女兒專心投入閱讀時的神情。這些人似乎怕驚擾了女孩，都盡可能地放輕腳步，但是女兒並未受到外界的任何影響，始終低頭盤腿而坐，一本厚重的書放在腿上，她時而沉思，時而翻閱，整個背景陡然間像是拉上了白幕，偌大的展區內，彷彿只有她和眼前的這本書，只有她和書，獨立且富有地存在著。

我沒有打擾女兒，自行走到一旁的出版社挑選我喜歡的書，待我選購書回來，剛才圍著女孩的人潮已經散去，但最初那位氣質儒雅、手拿著鏡頭，不惜彎腰跪在地板上拍照的先生，依舊在看著女兒，他的眼睛有著慧者的清亮，看著女孩的眼神中流露出藏不住的疼愛，長長的眉毛與眼尾的笑意讓人更覺幾分親近。此時，小女兒也站到了姐姐身邊，那位儒雅的先生抬頭看了看我，竟一眼就識出我是他鏡頭中女孩的媽媽。

他起身遞了張名片給我，我起初一直誤以為他是記者，沒想到他竟是知名出版社的總編輯。他驚歎女兒在閱讀時的投入，外界任何的聲音都無法影響干擾她。製作圖書的他，與熱愛閱讀的她，來自不同年齡層的兩人，竟因一本書，一次午後的閱讀時光，而成為了惺惺相惜的知己。

總編輯原想將女孩看的書送給我們，但是我也有我的堅持，書寫和製作一本紙本書，耗盡了作者與編輯的用心，尊重他們的創作，我們就必須以最謙卑的態度購買書籍，這才是對作者及編輯最高的敬意。當我們從海圖會準備離去時，總編輯再一次起身和我們揮手再見。他清亮的眼眸透著疼愛的光，始終看著女兒，而女兒則心滿意足地抱著由他編審製作的書，兩人輕聲道別。

海圖會落下帷幕，不久後，我收到總編輯在微信公眾號的一篇文字，標題是〈書場中的閱讀精靈——閱讀讓她成為全場焦點〉，文章的配圖，是一個穿著紅色條紋T恤、綁著兩綹馬尾的女孩，她自在地席地而坐，腿上攤著一本書閱讀，那自然且熟悉的臉龐和神情，讓我不覺心頭一熱。陪伴女兒閱讀成長的這些年，我也常記錄她在圖書館流連忘返的身影，但卻都不及此刻更讓我感動，我第一次在別人的鏡頭裡看到她，從照片中，我終於知道總編輯當

天為何會跪在地上拍攝女兒閱讀的神情。他感歎她沉浸於書本世界的專注，不以成人俯看的視角，而願意屈身與女孩處於同等的高度，思及此，我的眼眶瞬間濕潤了。

總編輯的文章，一開始道盡了海圖會帶給他的失落——

「觀眾只是走馬觀花，有的書精心運作兩三年，他只拿起來看個三五秒。鬱悶的編輯就像不得志的菜農，嘔心瀝血培育出新品種，買

帳的人卻屈指可數。會場上，我就在這樣的落寞和不服氣中當著『菜農』，直到一個小身影出現。

「她大約七八歲，梳著齊劉海，紮著雙馬尾，體格纖細，穿一件紅白條紋的小T恤，樣子非常可愛。她身邊沒有大人陪伴，也許爸爸媽媽正在別的展位流連。她徑直走到我們的童書展架，先是用目光掃視一圈，然後動手抽出最喜愛的一本，就在展架前盤腿坐下，一手托腮，一手翻書，一氣呵成。我一下就被這個小姑娘吸引了，她是那樣的沉穩、安靜，在熙熙攘攘的環境中，她絲毫不受干擾，只投入地讀著，就像坐在清晨的草坪上，肩頭灑滿了陽光。

「會上偶遇這個小姑娘，讓我覺得一切都是值得的，雖然她只是一個七八歲的小讀者，但她的閱讀態度，讓編輯獲得了極大的安慰，也給了這本書極大的尊嚴。他們對書籍有著純真自然的喜愛，對閱讀的儀式感有著與生俱來的癡迷，他們是出版業的希望，是紙本書存在的意義。紙書不會消亡，願每個孩子的童年都有好書陪伴！」

謝謝每位辛勞地在文字格中默默耕耘、為孩子製作紙本書的「菜農」們，沒有你們，我們就無法在閱讀中與另一個自己相遇，無法沉溺自己。

願這種情懷，永遠都無可替代；

願我們都以自身閱讀的能力，去影響更多人對紙本書的熱愛及眷戀。

紙本書，永不，永不說再見。

PART 2

閱讀後的口述能力

閱讀後的口述整理，訓練出總結能力

某天清晨，小女兒委屈地遞了一張紙給我，眼眶裡含著淚花說：「媽媽妳看，姐姐把我畫得這麼醜！」

我接下女孩遞過來的紙，紙上畫著一個眼神凶狠、嘴巴上還有很多點點的女人，這些點點很像口沫橫飛地在罵人。大女兒的畫向來入木三分，我心裡面想著，哇，真的有夠醜的！但這是姐姐昨天畫的灰姑娘漫畫呀，這個凶狠的人是灰姑娘的繼母，她正在對灰姑娘發號施令，要灰姑娘在家裡打掃，不可以去參加舞會。

看著小女兒委屈的神情，我和姐姐覺得她好笑又可愛，我拿過姐姐昨天畫的一疊漫畫對妹妹說：「這些畫裡也有灰姑娘和王子呀，妳為什麼覺得這個醜的人是妳呢？」我故意問：「該不會妳平常都這麼凶地對姐姐吧？」

小女孩破涕為笑，她撒嬌地抱住我說：「沒有啦，我沒有對姐姐很凶。」

看著女孩們的笑臉，再看看手裡拿著的漫畫，我突然想到，如果閱讀不單只是照著故事讀，把它畫成漫畫，拆解成一幅一幅，讓閱讀過故事的女孩們重新組合口述，她們對故事的理解一定會更深刻。

✦閱讀後練習看圖說故事

言語與文字具有相輔相成的魔力，語言能力突出的同時，若也能透過文字將心中所想呈現在紙上或記錄下來，會顯得更加珍貴。

於是我決定試試看！把姐姐畫的漫畫借來，故意打亂順序，隨手拿起一張，讓她們看著畫口述內容。我拿的第一張畫是——灰姑娘想要去參加舞會，可是她的衣服卻被繼母撕破了，她看著兩個姐姐出門，獨自坐在房間裡哭泣。

大女兒口述時跟原本的故事內容接近。

小女兒的口述並不順暢，她把故事書捧在手裡，從頭到尾像念書一樣把故事說給我們聽。我拉住她的手說：「妹妹，放輕鬆，我們只是在說故事，這一段如果是妳自己來講，妳會怎麼說呢？」

「灰姑娘的姐姐要去參加舞會，她不能去。」

「灰姑娘為什麼不能去舞會呢？」

「因為姐姐們不讓她去。」

「還有呢？」

「繼母撕破了灰姑娘的衣服……」

「好棒喔，灰姑娘想去嗎？她為什麼想去？」

像這樣以引導的方式，我陪著女孩一起把這一段的內容總結，然後再問她一次，她就把所有線索都連接起來，一段故事很順利地講完了。妹妹很有成就感地又抽了一張畫說：「媽媽，再來我們講這一段吧！」

就這樣，看完一本書之後，我們先從練習口述故事開始，慢慢地學會了總結故事想要表達的主旨。

✦ 講述總結內容，不是背課文

不久前，小女兒放學後和我坐在沙發上聊天，她說：「媽媽，今天老師問我們第六課的內容講了什麼，A同學舉手回答，可是他把整篇課文一字不漏地背了一遍。」

「這個同學做的有哪裡不對嗎？」我故意問她。

「老師這麼問的用意，並不是讓我們背課文，她問的是內容，只需要把這一課的內容總結起來就好了，所以我舉手回答，只用了五句就把整篇內容說完了，老師說我總結得很好！」

陪伴孩子閱讀，進而鼓勵他們將看到的內容用自己的語言再整理，不僅可增強孩子對故事的記憶及理解力，還可以訓練出他們對文字的敏銳度，快速抓到故事所表達的內容，培養孩子的總結能力。

自編自述讓老故事又活了起來

以前我陪伴女孩們閱讀，常會有一個迷思，以為閱讀場景一定要燈光美、氣氛佳，媽媽必須手捧繪本，孩子依偎在旁，才算是閱讀。但有時候工作忙碌，頭一沾枕就立刻進入夢鄉會周公，我不想陪伴孩子成長的路途中有遺憾，最後連家裡浴室和廚房也都變成了我說故事的場景，當我手裡沒有繪本時，我就會自己編故事。

隨著女孩逐漸長大，我也鼓勵她們自己講故事，練習口述的表達能力，並且讓她們更深刻地記住故事。經過一段時間後，孩子的胃口越來越大，對於故事的渴求也越來越多，於是我會在原故事的基礎上編一個新的故事。

還記得有一次在廚房，小女兒在洗便當盒，我在旁邊整理碗盤。她的便當盒只有一個，而我的碗盤量非常多，她就故意說：「媽媽，我們來比賽，看誰最先整理好。」

「好呀！」說完我繼續整理碗盤。

因為隔天還要上班，我加快了速度，小女兒見我還有那麼多的碗盤，覺得自己一定是勝利者，洗便當速度較平時慢了好幾拍。我見狀說道：

「妹妹，我們來講一個故事吧，今天講的故事是『龜兔賽跑』。」

「媽媽，我知道這個故事！」

我邊講故事邊整理，女兒絲毫沒有危機感，她看我還在收拾整摞的碗，依舊慢吞吞地洗著便當盒。

「兔子看到烏龜還離自己好遠，他相信勝利者非他莫屬，一派輕鬆地倒在路邊鬆軟的草地上，打了個哈欠，『哎，這個慢動作的烏龜兒真是太慢了，算了，我還是先睡一覺吧。』於是兔子睡著了，烏龜還在慢慢地爬向目的地……」我看向小女兒問：「然後呢？」

「烏龜贏了，而那隻自以為是的兔子還在呼呼大睡。」

我將碗盤全都收進碗櫥，又將餐桌上剩下的菜打包放進冰箱，小女兒這才驚訝地看向我：「媽媽，妳整理好了？」

「是啊，我這隻烏龜贏了，是不是？」

「喔，我不想做那隻自以為是的兔子！」小女兒扁著嘴巴說，「媽媽，重來啦，妳把碗盤再拿出來。」

「媽媽雖然一直告訴妳，比賽的結果不重要，但是過程一定要全力以赴。」

✦和女兒合編《龜兔賽跑》外一章

從廚房回到女孩們的房間，小女兒的情緒還沒有完全恢復，我不想跟她講長篇大道理，只是拿一張紙問她：「妹妹，媽媽需要妳的幫忙，妳要不要一起來寫故事？」

她懶散地點頭。「好。」

「剛才龜兔賽跑的故事還沒有結束喔。」

她的眼睛亮起來，「真的嗎？這次妳要跟我比什麼？」

「不是我跟妳比，是烏龜和兔子。我們來講一個新的故事，妳負責講兔子的部分，我就編烏龜的部分，好不好？」

女孩的熱情被點燃了，她尖叫著：「好哇！太棒了，這次我一定要全力以赴！」

在我們新編的故事中，兔子為了證明自己，決定向烏龜發出戰書，烏龜毫不畏懼地接下兔子的挑戰。距離比賽時間還有一週，兔子和烏龜每天都勤勞地鍛鍊身體，兔子天天搖呼啦圈、舉啞鈴，增強自己的體力，烏龜則在跑步機上快走……

姐姐看到我們在編新的故事，也在中途加了進來。

我們在故事中添加了很多的角色，有啦啦隊長鴨子，有負責吹口哨的裁判員大象伯伯，還有活潑可愛負責清理路障的猴子。結果兔子雖然沒有午睡，卻因體力消耗太多而無法跑到終點，烏龜除了在跑步機上快走，還用自己的優勢在有坡度的草地快速滾動，可是卻卡到石縫無法翻身……，最後兔子和烏龜互相幫助，兩人擁抱著走向終點。

自從講完這個故事後，做事常拖拉的小女兒內心真的成長了，她現在非常獨立，每天放學回到家，第一件事情就是清洗自己的便當盒，然後整理書包，檢查明天要帶的課本和文具。

而將故事延伸的腳步並未停止，女孩們現在已經養成閱讀習慣，除了要講故事給我聽之外，她們還會問：「媽媽，要不要再來編一個故事，來嘛！」

於是，故事從「很久很久以前……」又掀起了新的章節，故事裡的角色全都活了起來，他們活在女孩嘰嘰喳喳的話語中，活在活潑無厘頭的情節中，活在我們每日以故事為伴的一分一秒甜蜜時光中。

讓「閱讀」與「說故事」像兩人三腳

言語所具備的魔力常讓我們驚豔，失落的人們因不同的言語刺激，有不同的情緒反應，失態與感動僅在一步之遙。陪孩子一起說故事，除了讓他們將熟悉的故事以自己的語言重新整理，更能培養鍛鍊他們對故事的理解，增強孩子的記憶力和邏輯力。

有了這樣的想法後，我決定試試怎麼讓「閱讀」與「說故事」，像兩人三腳，互不干擾，卻又可以同時進行。

當女孩們讀完一本書後，我也會把那本書拾起來看一次。隔天吃完晚餐，看姐妹在廚房洗便當盒，我在整理冰箱時就會故意裝笨問：「妳們前幾天看的那本故事書結局是什麼？我忘記了。」

我善良的女孩們每一次都願意幫我解惑，她們會問我：「媽媽，妳看了哪本書呢？」「怎麼辦？我忘記書名了。」

小女兒同情地看著我，「沒關係，妳慢慢想，實在想不起來，等一下回房間，我把所有故事書都拿過來給妳。」

「我記得書裡有個小姑娘……」我佯裝「回想」，丟出小小的提示。

「是灰姑娘嗎？」小女兒問我。

「故事裡有南瓜車嗎？」大女兒接著問。

「媽媽，沒有關係，妳慢慢想。」擔心我著急，姐妹倆還會一邊安慰我。

「下著雪的冬天，天快黑了，一個小女孩光著腳走在路上，她的舊圍兜裡還有很多的火柴……」我繼續裝傻。

「媽媽，那是《賣火柴的小女孩》！」女孩們異口同聲道。

「我昨天只看到這裡，妳們誰可以告訴我，接下來的故事怎麼樣了？」

這個故事，我陪伴她們閱讀過，此時她們沒有質疑我，小女兒甚至自告奮勇說：「媽媽，我知道這個故事，我講給妳聽。」

這本《賣火柴的小女孩》，女孩們看過好幾個不同的版本，有睡前三分鐘故事，有簡短的繪本及CD，也有非常厚的長版本，以前我講睡前故事給她們聽，每次聽完這個故事，女孩們總會伸出溫暖的小手不發一語地抱抱我，似乎也在擁抱那個在冬夜裡逝去的小女孩的靈魂。

每一次我們閱讀這本書，都會收穫不同的心得，女孩們會感慨自己擁有溫暖的家，等她們再長大一些，在感歎命運的同時，也會祝福賣火柴的小女孩與奶奶在天堂的團圓……。

我觀察到女兒情緒的微妙轉變，看出她們內心成長的軌跡，也由此更深知閱讀帶給孩子們的轉變及影響力。

✦為擁有說故事能力的孩子拍拍手

現在，她們的眼前不再有文字，所有情節都在她們的腦海裡，她們需要清楚地整理出故事脈絡，以自己的語言把這個故事講給我聽。

我拉開廚房的椅子坐下，聽小女兒把故事講一遍。有好幾次，她把故事的順序顛倒了，原本變成僕人的老鼠變成了馬車，一旁的姐姐急著想要提示她，我示意姐姐不要做提示，果然，說故事的妹妹很快就發現了自己的問題，她笑著說：「其實馬車是南瓜變的喔，老鼠變成了灰姑娘的僕人。」

小女兒不斷修正自己的故事情節，整個故事並沒有因錯誤百出而不好聽，相反的，我和姐姐都覺得很有趣。

妹妹剛把故事講完，姐姐也萬分期待地想要接著再講一次。

「姐姐，妳覺得我講得不好嗎？」妹妹有點失望。

我抱住妹妹說道：「姐姐想要再說一次，是因為她也希望講一遍這樣的故事給媽媽聽，而且媽媽覺得妳講得太棒了！我只記得一點點的情節，妳卻記住了這麼多！」

「媽媽，什麼是情節？」

「情節就是故事裡發生事情的順序。」姐姐很快地幫我補充。

我順勢給姐姐拍手鼓勵。「寫作的時候，我們寫事件，就是所謂的情節，如果故事情節動人，不管我們是自己閱讀，還是在聽別人講述，我們都會被故事所影響。」

小女兒似懂非懂地點了點頭。

不知道是不是我的「情節說」起了作用，《賣火柴的小女孩》經由女孩娓娓道來，在廚房不算明亮的燈光映照之下，在那個夜晚時分，不管是坐在我懷裡的妹妹，還是我自己，都沉浸在這個故事中。但我內心的情感不止是溢滿悲傷，我知道，擁有說故事能力的孩子，她的內心必然也擁有很多微妙的同理心，她讀懂了作者的心，更讀懂了作者賦予主角的靈魂。

✦ 真實感受語言與文字的精妙之處

從此之後，女孩們放學回家，我們的聊天閱讀時光又多了一項「說故事」。她們從同學那裡搜羅的故事，從圖書中獲取的故事，我都是第一個聽眾。聽著女兒或開心、或悲傷地講述一個個故事給我聽，我的心也因開心而快樂，因悲傷而低落……但同時，我看到女孩們的內心與文字，都有了質的飛躍。

有一次小女兒講了她看到的故事，故事非常簡短：一個小女孩從來沒有見過上帝，她很想去找上帝，就準備餅乾出發了。小女孩來到公園，看到有位老奶奶坐在那裡，於是她坐下跟老奶奶聊天，直到夕陽落下，才跟老奶奶告別。小女孩快樂地回到家，她告訴媽媽，上帝的笑容和藹可親。老奶奶回到家也特別開心，她跟女兒分享，沒想到上帝那麼年輕。作者在故事中並沒有透露小女孩和老奶奶將彼此當成了上帝，但是小女兒已經看出來，她流利地跟我分享了故事後又對我說：「媽媽，她們把彼此都當成了上帝，我覺得那個小女孩和老奶奶都是溫暖的人，妳覺得呢？」

「寶貝也是個溫暖的人！」我開心地抱著她說。

陪伴女孩們一起說故事，我感受到她們對語言和文字精妙之處的體會，以及隨之而來能力上的微妙提升，而寫作的稿紙，該攤開了。

先「嘗試描述」跨出第一步吧

我一直都覺得，擁有書寫的能力，是一件可以自我療癒且快樂的事情。自小學起，只要攤開稿紙寫作文，我都會顯得格外興奮。我喜歡聽鉛筆和紙張的摩擦聲，幼小的我覺得那是幸福的聲音。

女孩出生後，陪伴她們閱讀，也希望透過我的陪伴，能夠讓孩子們愛上寫作，但很多朋友都跟我說：「妳是作家耶，她們一定會遺傳妳的好文筆……」

有的人天生就被賦予書寫的能力，但並不是所有的人天生都會寫作，閱讀會為書寫奠定良好的基礎，透過口述更可以讓孩子有清晰的邏輯思維能力。

有一天晚上，大女兒已經入睡，我和小女兒還在洗手間洗漱。我突然間想起姐姐週末有一個比賽，可是卻忘記地點在哪裡，於是我自言自語地說：「糟糕，我忘記姐姐週末的比賽是在A區還是B區了。」

「媽，一定是在A區，相信我！」一旁的小女兒接話。

「姐姐告訴妳的？」

女孩搖搖頭，「她沒有說，但是姐姐參加的比賽需要安靜的環境，B區風景雖然好，週末會有非常多的人潮，參賽者在那裡容易分心，所以我覺得A區可能性最高。」

果不其然，姐姐的比賽地點就在A區。

但是，擁有邏輯力且愛好閱讀，就真的會「遺傳好文筆」嗎？

✦在聊天互動中為爸爸寫童詩

父親節即將到來，過去幾年女兒送給爸爸的卡片內容都一樣，每張上面都寫著「爸爸，我愛你」。這次我希望她們給爸爸一個驚喜，在卡片上寫一點特別的！於是我們說好要為爸爸寫一首童詩。讀幼稚園大班的小女兒很期待寫童詩，但因為沒有寫過，她擔憂地說：「寫童詩喔，我不會寫耶。」

小學二年級的姐姐也問：「到底要怎麼開頭呢，應該要寫什麼？」

我說：「沒有關係，妳們說，我來寫，好不好？」

但是我並沒有以正規寫作的形式，打開電腦或是攤開一張稿紙，而是坐下來跟女兒聊她們眼中的爸爸。

在孩子們的世界裡——

「爸爸是大熊，會伸出手保護他們。」

「那我們家爸爸是怎樣的大熊呢？」我問。

「很胖的大熊！」女孩們說完又笑著說，「是溫暖的大熊，我可以躺在他的肚子上打呼！」緊接著加了一句：「爸爸是閃著光芒的太陽！」

「那妳們是什麼呢？」我繼續問。

「我們當然是正在成長的小花啦！」小女兒可愛地用手托著腮說。

「是可愛的花骨朵呢！」大女兒補充道。

那幾天我跟女孩們時常聊著爸爸，兩個女兒捂著嘴一臉害羞地說：「爸爸很帥，是不是？」她們還說：「爸爸開車的技術高超，讓人很有安全感。」

女孩們沒有坐在書桌前苦惱著童詩該如何完成，因為在跟她們聊天的互動過程中，我已經用她們的話語將童詩整理好了——

你是
溫暖的大熊

我想要躺在你溫暖的肚子上打呼
你是
閃著光芒的太陽
我這可愛的花骨朵兒被你照著長大
你是超人　無所不能
你是空氣　無所不在
親愛的爸爸　父親節快樂

在陪伴孩子們寫作的初期，鼓勵她們以語言說故事，而我們則幫忙整理記錄，這不僅是親密的親子時光，更讓她們驚歎文字組合之後所產生的魅力。

如果現在還有人跟我說「她們一定會遺傳妳的好文筆」，我想我應該會很認真地回答：「不是，文筆是無法遺傳的，文字的生命力，是孩子們自己創造的。」

「組裝句子」跟拼裝樂高一樣好玩

為了陪伴更多的孩子閱讀寫作，我成立了「悅讀趣」，希望孩子們能夠以愉悅的心情閱讀及寫作。而小源是悅讀趣的第一位學生。

「學習寫作」這件事情是孩子的興趣，而不是家長的「興趣」，我希望家長都能尊重孩子的意願，所以每位來上課的同學，我都請家長務必與孩子做好溝通。小源的媽媽希望他來上課，為了說服小源，他的媽媽拜託我去跟他溝通。

那是我跟小源第一次見面。

在窄小的房間裡，他低頭用手指在平板上滑動操作，遊戲中的人物躲過障礙物，快速向前奔跑。小源玩遊戲玩得太專心，闖關三局，才總算注意到我的存在，我向他介紹自己和說明來意，他對我並不排斥。

當我問他怎麼玩遊戲時，他開始眉飛色舞地跟我介紹遊戲規則、手指的靈動配合及闖關技巧。我不太相信眼前的男孩只有小學三年級，因為他實在介紹得太專業啦！同時我心裡也暗自高興，他的口才這麼好，寫作一定不在話下！

直到他來到寫作班，我們攤開稿紙，以介紹各自的名字提筆寫作。在我低頭寫名字時，男孩卻一臉茫然地看著我問：「要怎麼寫？我不會。」

「寫下你的名字，簡單介紹你自己。」

男孩點點頭，胸有成竹地說：「這個不難，我們開學的時候都會介紹自己。」然後他低下頭，快速寫好自己的名字，又陷入了沉思。

我說：「開學時怎麼介紹你自己，可以用同樣的方式，只不過現在是寫在紙上。」

他搖搖頭，滿臉尷尬，「我不知道要怎麼寫。」

我放下筆看著他說：「那我們先口頭介紹一下自己，好嗎？」

男孩清了清嗓子說道：「妳好，我叫小源，今年九歲，我最喜歡的運動是跑步和打籃球，平常最喜歡和爸爸一起運動。我爸雖然比我高，但是我投籃的彈跳力一點也不會輸給他，有時候還會利用自己比較矮的優勢從他的腋下跑過去！我的興趣是組裝樂高！很高興認識大家，謝謝！」

「哇，真高興認識你！謝謝你！說得非常棒，那我們就把這一段自我介紹寫出來可以嗎？」

小源點了點頭。

✦寫作組裝詞彙就像在拼樂高

重新整理口述自我介紹，用筆寫下來，只不過是言語及紙筆間的場景轉移，但是小源這篇自我介紹足足寫了半個小時。當他寫完後，我看到他寫：小源，男生，九歲，運動：跑步、籃球，興趣：樂高。

「我不知道該怎麼寫。」小源吐了吐舌頭說。

我們平常與孩子對話，讓他們的語言能力發展迅速，但如果文字能力跟不上，就和眼前的小源一樣，言語表達清晰有條理，卻無法轉換成文字記錄下來，這也是小源媽媽希望他來上寫作課的原因。

讓小源重新寫一次自我介紹嗎？但我看到小源已經皺起眉頭，他的沮喪悄無聲息地蔓延開來了。

「你的興趣是樂高，對吧？」我主動轉移話題。

小源點點頭。

「那我們就寫樂高，怎麼樣？」

小源書包裡剛好帶了樂高，樂高所有零件都是散的，透過組裝，可以賦予樂高不同的造型和生命力，我以此告訴小源：「寫作也非常像樂高喔，把文字組裝起來，就會讓文字擁有生命力！」

說完我請小源拿出樂高，拼裝他最喜歡的人物造型，只見男孩雙手靈活的轉動著，不一會兒，兩個人形樂高就完成了。接著我讓小源形容剛拼裝好的玩具造型，以「他說我寫」的形式，整理他的口述內容，去除口語化，形容描述他所組裝的樂高作品：

①眉毛像紫色的火焰，眼睛像快速滑動的球（球的速度很快，看起來有火焰），一塊地板似乎是要接住眼睛的球，嘴巴像鋼琴及椅子。

②眉毛像回力鏢，眼睛周圍有綠色火焰，鬍子像是爆發的火山倒映在湖水中。

小源看到組裝出來的句子，嘴角露出了滿意的笑容。他看著文字，又看了看手裡的人形樂高，說道：「簡直不可思議！老師，是吧？」

我點點頭。

文字的魔力太不可思議，寫作就像是樂高，將每個詞彙組裝起來，所呈現的畫面也會立體且豐富動人。

「去除口語化」使文字改頭換面

《聽孩子說，勝過對孩子說》出版後，我有幸跟很多媽媽成為朋友，不時會看到她們分享讀書心得，有一位媽媽知道我開了寫作班，很熱心地留言給我，希望她念小五的兒子可以來悅讀趣旁聽，學習寫作的技巧。

為了要讓孩子對課程不抵觸，我照例先約孩子見面，了解他上課的意願，以及如何看待寫作一事。

從朋友家到我的工作室車程約一小時，中途要換兩趟車，為了讓彼此都不勞累，我們約在中心點見面。

台北車站的某間咖啡館內，我第一次與男孩見面，他靦腆地朝我笑了笑，以點頭跟我打招呼。坐下後，我先鄭重地跟男孩介紹自己，並拆解我名字的含義，接著我請男孩也向我介紹他名字的由來。

✦ 分別用言語和書寫介紹名字

男孩的名字中有個「景」字，他說：「我不知道媽媽為什麼取這個字，可能是希望我看到更好的景色吧。」

「媽媽就在你身邊，你想不想知道？」我提示他。

男孩抬頭看向媽媽。

「當初給你取這個名字，的確有景色之意，但還有一個意思，是希望你將來可以被人景仰。」男孩的媽媽解釋著。

我在紙上寫道：**高山仰止，景行行止**。寫完後把紙條遞給男孩，「這是出自《詩經》裡的一首詩，『景行』是指正大光明，媽媽給你取這個名字，寓意著高尚的品德。」

「高山仰止，景行行止。」男孩接過紙條小聲讀著。

男孩把「景行行止」讀成同一個音，我糾正他：「其實這裡的『行』，有兩個不同的發音，分別讀『杏』和『型』。」男孩讀了一次正確發音後，我們繼續解釋各自名字的含義。我遞給男孩一張紙，「剛才我們用言語介紹各自的名字，現在可不可以請你改用文字介紹你的名字呢？」

男孩洋洋灑灑地快速寫好名字介紹，把紙遞給我，只見他在上面寫著：

我今年五年級，作文寫得不怎麼樣，然後媽媽希望我可以進步，她約我跟寫作班的老師見面，然後我就在這裡了。我叫景行，我覺得我的名字裡有媽媽希望我看到風景的意思，媽媽說還有景仰的意思，然後老師說這個名字還代表著品德高尚的意思。希望我寫作可以進步，然後媽媽不要為我擔心。

看到這裡，我不禁想起一件事情，為了讓女兒更容易記住故事，我們在讀完一本書時，都會再口述整理一次。女孩們最初在講故事時，也會將很多日常的習慣用語帶進故事裡，「然後、因為、所以、還有……」出現的頻率很高，比如小女兒講述灰姑娘的故事，會說「然後灰姑娘就跑走了，因為就快要十二點了。」我會特別把她說的這句話寫下來，圈出「然後」和「因為」，鼓勵她不用這兩個詞，將整句話重新表達一次。妹妹刪除這兩個詞之後就會變成：「灰姑娘不得不離開了，時針就快要指向十二點。」

✦將口語轉換為書寫，讓文字跳動起來

我和男孩雖沒有建立從閱讀到口述的基礎，但是我決定以陪伴女孩口述故事的方法試一試。我把自我介紹中的口語句全都挑出來，如「寫得不怎麼樣、然後、看到風景

的意思……」我說：「語言很特別，當我們在說的時候，這些口語化文字的存在都很正常，可是一旦轉為書寫，它就需要用更優美的文字來替代。」

「怎麼替代？」

「你相信文字是有律動的嗎？」

男孩半信半疑地搖頭。

「像旋轉的芭蕾舞者，每一步的旋轉都隨著音樂的節拍，一二三四，二二三四，寫作的時候也有這樣的節拍，你試著把我圈起來的字拿掉，我們用可以代替這些節拍的字，讓文字跳動起來，怎麼樣？」

一段簡短的自我介紹，我陪著男孩一起刪除口語化文字，加入形容詞，讓文字呈現節拍感。

我們不斷地對話，找出哪些是口語化的文字，再想更適合的詞彙替代，透過這種方式整理書寫的內容，使男孩的筆書寫得更自信了。他的自我介紹修改為：

我今年五年級，對於寫作我一直都覺得很迷茫，不知道該怎麼下筆，當媽媽告訴我要跟寫作班老師約見面時，我沒有拒絕，我知道她的出發點是為了能夠讓我成長。和老師見面後，我重新認識了我的名字，我的名字中有一個「景」字，我知道媽媽希望我成長的路上看到更多的風景，媽媽說我的名字中還有景仰之意，而透過老師對文字的解析，我知道我的名字中還暗藏著品德高尚之意。親愛的媽媽，謝謝您對我的祝福，我希望可以和文字做朋友，讓您看到我的成長與進步。

透過口述的再整理，文字有了節拍；加入律動後，文字就會像芭蕾舞者開始旋轉。你們日常的習慣用語有哪些呢？多念幾遍，從文字中找出你的口語習慣用詞，一二三四，二二三四，旋轉起來！

「練習寫大綱」下筆自成點線面

「悅讀趣」成立之後，班上收了四位同學，他們的語言能力常讓我驚豔，比如小源擁有非常好的口才，安安則是上知天文，下知地理。相較於課堂上的學習，我們日常的聊天互動顯得格外愉快，一句話起了開端，就可以天南地北聊下去，可是當話題回到寫作時，原本熱鬧的書房便瞬間歸於平靜，孩子們張著清澈的眼睛，你看我，我看你，手中的筆始終都懸著，沒有人落下寫出第一筆。

「好了，我們暫時不寫作，大家去看書吧！」我拍拍手說。

「耶！」學生們長長地呼出一口氣。

他們跑到書架前各自挑選一本書，盤腿坐在地板上，房間裡有書頁翻動的沙沙聲，還有孩子看到喜歡的書時情不自禁發出的笑聲。我陪著他們一起看書，待孩子們起身換到第三本書後，我說：「挑一本你們最喜歡的書，我們來分享一下，怎麼樣？」

✦「看→說→寫」是字遊故事三部曲

看故事到說故事的環節，我陪他們練習了很久，從最初講故事的漏洞百出，到後來能夠熟練地講完一個故事。此時我鼓勵孩子們拿起筆，練習寫故事的大綱。

小源選的一本書是《龜兔賽跑》，這是由卡洛琳．瑞許（Caroline Repchuk）改寫自《伊索寓言》的繪本，作者就原故事的基礎加入了更多現代元素：

繪本中的兔子和烏龜展開一場賽跑，他們從歐洲出發，目的地是紐約自由女神像。兔子個性非常猴急且驕傲，沒有做任何計畫就出發了；而個性沉穩的烏龜規劃了完整的路線，他瞭解自己的優勢，不管是環境或是方法，烏龜都選擇對自己有利的一面。沒有計畫的兔子在到達目的地之前吃盡苦頭，才剛出發不久就出了錯，改搭熱氣球，結果熱氣球越升越高，燒到兔子的耳朵，使他掉到了水裡；好不容易來到非洲沙漠，搭上了木舟，卻又在急流中險遇鱷魚……當悲慘的兔子到達終點時，發現具備應對方法的烏龜早已輕鬆抵達了。

小源喜歡這本故事書的原因，是他覺得透過故事可以看到各地的特色，就像是「在紙上經歷了一場旅行」。既然是他親選最喜歡的繪本，我就請他自己先寫大綱，小源最初只寫了一句：**烏龜和兔子比賽賽跑，最終烏龜贏了。**

我陪他將整本故事重新又看了一遍，他第二次寫的大綱內容是：

烏龜和兔子賽跑，驕傲的兔子完全不把烏龜放在眼裡，他出發後遇到了壞天氣，聰明的烏龜知道自己的優勢，他規劃的路線和環境都是以自己的優勢制定的，當兔子到達終點時，烏龜早已經到了。

我鼓勵小源試著多寫繪本中的內容，而他從故事裡讀到兔子及烏龜的不同個性，最終寫出了完整版的故事大綱，更棒的是，他還在最後注記了閱讀心得——「做任何事情都要有計畫，不可太著急和驕傲，只有沉著、穩重才能獲得最後的勝利。」

學習總結一個故事的大綱，不僅可以讓孩子鍛鍊手中的筆，幫助他們快速抓到故事的重點，還可以透過寫大綱，讓孩子學習故事所傳達的精神。

繪本大綱背後的愛意交融

一向能言善道的小源最近幾節課鮮少發言，即使我故意把填空的形容詞說出來，他也常是處於恍神狀態。

在某天課後，我故意留下他聊一聊。

「你最近還好嗎？」

小源不好意思地摸了摸頭髮。

「你看起來累累的，是不是最近上課太累了呢？要不我們下週寫作課暫停，讓你休息好不好？」

「沒有關係，我只是想在假日睡到自然醒。」小源搖搖頭說。

「你昨天太晚睡覺嗎？」

小源點了點頭。

我希望每個孩子在寫作時是輕鬆且享受的，他們跟我的互動，並不是老師和學生的關係，我更希望透過與孩子的對話，與他們的情緒相處，找出他們「抵觸」的原因。

為了調整小源的狀態，我跟小源的媽媽聊天，希望取消下週的課程，讓他享受睡到飽的假期。但我此話一出，媽媽也滿是委屈：「週六早上九點半的課，他的睡眠時間怎麼會不夠？都是因為他太晚睡，每天早上為了等他起床，我上班都會遲到！」

原來小源晚睡的習慣已經讓他和媽媽開始有了矛盾，每天早上叫小源起床，母子間都會來一場親情的拔河。每一次，清晨的溫馨時光都會被「時間」打破，媽媽生氣了，小源的情緒就會格外低落，以至於間接影響了他在寫作課的情緒。

「妳有沒有什麼好辦法，可以讓他晚上早一點睡覺呢？」媽媽苦惱地問我。

「我試試看。」

✦小故事中默默潛藏的大道理

答應了小源媽媽，我開始苦想對策。

我不想直接告訴小源「聽媽媽說你都比較晚睡，這樣不行喔，晚睡對身體不好，早上如果你不起床，媽媽就沒有辦法順利出門……」等云云道理，希望以同理心和小源聊這個話題，而不要顯得太刻意。

我想起以前陪伴女兒閱讀時，我都會刻意挑一些品德故事，潛移默化地將一些道理透過閱讀滲透到她們日常的行為中。那麼，同樣方法對小源是不是也有效呢？

為了要測試效果，在下節上課時，我特地挑了幾本和睡眠有關的繪本讓每個孩子閱讀，並請他們挑選自己最喜歡的一本練習寫大綱，小源最後挑的是《棉被山隧道》：

爸爸媽媽希望孩子可以早點休息，可是主角小健卻睡不著，孤單的小健希望得到陪伴，但是爸爸卻催促小健該睡了。無聊的小健鑽進被窩裡，竟意外通過隧道來到了棉被山，在那裡和跟他一樣失眠的孩子們開心玩樂。小健遇見同樣失眠的好友小美，他們在棉被山裡玩得非常愉快。與小美告別後，小健穿越隧道回到被窩呼呼大睡，第二天醒來卻發現自己身處小美家。小健跑回家，看到同樣跑錯隧道的小美，兩個孩子相視而笑，他們相約晚上再去棉被山。

我很慶幸自己沒有貿然地先與小源以「你一直晚睡」開場，如果是這樣，在我說這句話的時候，小源與我之間的信任就已經有了嫌隙。

✦孩子的情緒在字裡行間看得見

透過閱讀，讓小源整理大綱，我同時也整理了小源的晚睡情緒。

小源是獨生子，跟父母非常親近，但他也有孤單時刻，每天放學回家，他都很希望父母可以跟他對話互動，可是話題常找不到感覺，想要下樓運動，約了爸媽中的任何一員，他們都會推託太累，孤單的小源只能與球為伴在樓下追逐。小源告訴我，樓下的路燈亮著，沒有鄰居出來，整條街道只有他獨自的身影。

我伸手抱了抱小源，「下次想要運動時可以約我，好不好？」看著小源點頭，我又說：「可是要早一點睡覺喔，這樣跑步的時候你才會更有體力。」

小源點著頭的同時，我看到他眼神中泛著淚光。

這節課小源的大綱整理得非常完整，而我也在他的大綱後面寫了注記，提醒小源的爸媽，同時也提醒身為人母的我——「爸爸媽媽都覺得睡眠是為了讓身體得到休息，但愉快的氛圍也是與孩子道晚安的方式喔！漫漫長夜，孩子是渴望被陪伴的，棉被山上擁有無數的歡笑聲，也就代表著有無數需要被陪伴、孤單的孩子們，歡樂笑聲與孩子孤單的身影形成對比，希望家長們可以好好跟孩子道晚安，珍惜彼此相處的時光。」

小源的媽媽看了我的注記，她特別用紅字在後面回覆我：雙雙，謝謝妳！

我沒有跟小源講人生道理，這孩子此後的作息時間表卻明顯有了轉變；我沒有直接以言語跟小源的父母溝通，但是他的媽媽卻來跟我借繪本《棉被山隧道》回去看。

於是小源樂觀積極的狀態又回來了。

他時常告訴我：「老師，我昨天晚上九點半就已經睡著了。」或是：「老師，我下週無法來上課喔，爸爸答應我要陪我一起運動！」

文字像一張網，它兜住孩子們溫暖的夢，我願意成為孩子們在角落縫補心靈缺失的隱形補網者，一針一針縫補他們對於這個世界的遺憾、內心的孤獨、對親情的渴望。希望透過這樣的陪伴，能讓每個孩子對於成長的每一天都充滿期待。

「我愛你」的N種表達

孩子們成長的速度驚人，明明昨天還是抱在手中的小嬰孩，今天就變成一個能言善道、身邊有同學和師長圍繞的小學生，與其感歎時光荏苒如白駒過隙，不如好好珍惜跟孩子相處的每一秒。

我和女孩們每天相處的時間不多，但我們會利用片段的時間，不停地分享彼此的生活。我們在清晨的時光中閱讀，在散步去學校的路上聊天，在放學回家途中暢言當天大小事，在睡前充分享受說故事時間，每一天我們都過得很充實，而其中「詞語接龍」是充滿樂趣的重頭戲之一。

這個遊戲的源起我已經忘記了，在女孩們語言快速發展時期，詞語接龍很自然地融入我們的生活，最初女孩們玩詞語接龍常會鬧出笑話，而我還在遊戲進行中糾正了不少她們的發音問題。

✦從烏龍的接龍到帶動詞的接龍

有一次，女孩們在玩詞語接龍，姐姐說：「彩虹。」妹妹接：「紅色。」姐姐說：「色紙。」妹妹想不到「紙」該如何接下去，她就說：「紫色。」姐姐沒意識到這個接詞有錯，繼續接龍：「色彩。」於是又迴圈回到了彩虹、紅色、色紙，這次輪到姐姐對應「色紙」，她接龍「紙條」。

我戳了小女兒一下，她對我的舉動心領神會，調皮地朝我吐舌頭說：「剛才我聽錯了，我以為姐姐說『紫』，原來她說的是『紙』喔！」

在孩子們學習語言的最初，詞語接龍可以讓他們的大腦快速運轉，學習並吸收大量的詞彙。我發現幼稚園至小學二年級的孩子對動詞情有獨鍾，於是鼓勵女兒在玩詞語接龍時加入動詞，遊戲的規則也稍作調整，她們不再以詞接龍，而是說出整句話，只要話中帶有動詞就可以。

女孩們最初造的詞句很簡單，比如：「我踢了地上的石頭。」「我開心地跑向媽媽。」到現在，她們已經會將動詞連貫且精準地運用到句子中，妹妹說：「我跳起來可以摸到媽媽的頭髮，睡前我要親吻媽媽，還要緊緊抱著她。」動詞的加入讓語言變得活潑，孩子們對於動詞掌握精確，也會讓他們的寫作更具有臨場的畫面感。

姐姐曾在創作童詩的時候，想要描寫泡泡在空中飛舞，她覺得用「飛舞」的畫面感不夠強烈，最後寫了「泡泡調皮地跳躍起來，它們在空氣中擁抱著跳舞。」讀著女孩的童詩，我自己都想化身成泡泡，在空氣中與泡泡好友一起擁抱著跳舞呢。

女孩們長大了，我們的詞語從動詞再度升級，有一次坐在一起聊天時，我們聊到了「我愛你。」這是一句非常直接的告白。我問姐妹兩個：「如果想要表達愛意，可是又不願意這麼直接，妳們會怎麼說呢？」

女孩們看著我，妹妹好奇地問：「難道還有其他的說法嗎？」

我說：「我先來說一句，『我的眼裡只有你沒有他。』同樣都是愛意的表現，卻可以用不同的文字說出來。妳們也來試試。」

大女兒的反應最快，她說：「我願意用光芒照亮妳的心。」

我給姐姐拍手。「哇，我真的有被妳照亮的感覺，好溫暖喔。」

妹妹也說：「有妳陪著我，我不孤單。」

姐姐受到妹妹「孤單」一詞而產生靈感：「妳是在孤單中唯一能陪伴我的人。」

透過不同語境和文字表達，也讓孩子對文字產生了更濃烈的興趣，我相信，他們未來之路，已經被文字的光芒照得敞亮亮。

PART

3

結合觀察的創意造句

從詞彙到造句的進階

我有一個閱讀習慣，看到喜歡的句子總喜歡在書本上做筆記，有了女孩們之後，因為陪伴她們閱讀而重新查起了字典，但凡書中有生僻的字，或是有些不懂的詞句，我總是會隨手拿起字典查個究竟，這也算是陪伴女兒閱讀所建立起來的習慣。

後來去大女兒班上分享文字魅力時，我送了每位同學一本筆記本，希望他們在閱讀時可以記錄下自己喜歡的詞彙。而受到我的影響，大女兒也開始建立起屬於她的詞典。以往總是快速閱讀的女孩，現在看書時會在手邊放一本筆記本，筆記本的前面記錄著她的日記，後面則記錄她從繪本中摘錄的詞彙，有一天她問我：「媽媽，妳知道揣摩是什麼意思嗎？」

「這是妳最近新學的詞嗎？」

「不是，是我從書上看到的，我覺得很好，但是我不知道該怎麼用它造句。」

「把字典拿來。」女兒查字典的方法是我教的，但是我還沒有教她們如何查詞彙。

我們查詢字典找到「揣摩」的意思，明白了詞句的含義，我問她：「妳知道該怎麼造句了嗎？」

「媽媽妳猜。」女孩居然跟我賣起了關子。

「妳應該是在想『我應該怎麼造句呢』。」

「媽媽，妳這是在揣摩我的心思喔！」女孩調皮地笑道。

我驚歎女兒的學以致用，同時又給了她一個建議：「妳都開始在建立詞典了，那要不要把詞的意思也記在妳自己的詞典裡，而不單只是記下詞彙？」

女孩的眼睛頓時亮了起來！從那之後，常會看到大女兒坐在書桌前建立她的詞典，詞句和釋義還用了不同的顏色，可是這股熱情很快就淡下去了，為了鼓勵她，我決定給女孩一個驚喜。

✦ 用自己的詞典寫最美麗的詩

當我們再次寫作時，我跟女孩說：「今天我們來寫一首最美麗的詩，所有的詞都用妳『詞典』裡的詞，可以嗎？」

「哇嗚！媽媽，妳說真的嗎？可是為什麼是最美麗的詩呢？」

「因為那些詞都是妳精心挑選的呀！」

大女兒建立的詞典雖然豐富，但如何把適合的詞彙全都寫進詩裡呢？寫作前我特別跟女孩說：「現在我們有了這些『詞』，就像是一張拼圖，我們把美麗的文字放進最適合的句子裡，而那些沒有放的詞，是因為它不屬於這張拼圖，並不代表它不美麗喔。」

就這樣，我陪女孩寫了一首美麗的詩，用的詞彙都是從她的詞典中精心挑選的。

太陽眨著眼睛
閃爍著橘色的光芒
照耀在綠色的小草上
小草**搖擺**著身體
向太陽說　謝謝你

橘色字部分是女孩「詞典」中的詞彙，寫完這首童詩後，女孩說：「好有趣喔，小草要跟我一起做運動，我要跟它一起做暖身操，一二三四，二二三四！再來一次！」

「等妳『詞典』裡的詞彙更多了，我們再來寫一篇日記怎麼樣！」我趁機點把火，希望可以維持女兒的動力。女孩重重地點頭。

陪伴女孩至今兩年有餘，大女兒已經可以獨立寫作，不久前，她寫作的主題是〈每一個字都不平凡〉。日記中，女孩寫道：

> 文字真的很奇妙，它看似平凡，卻每一個都有它獨特的生命力，當字與字組合之後，每一組都綻放出不同的光芒，而它們的意義也巧妙地發生了變化。「一」是數字，當它與其他的字組合後，「一塵不染」代表著整潔乾淨、「一言九鼎」讓它有了被尊重的力量。

看了女孩自命名的這篇作文，我回想陪伴她寫作的這條路，心中有無限的感慨。我看到了女孩內心的成長：以前，她的世界裡只有單一詞彙是美好的，她將那些美麗的詞彙抄錄在屬於她的詞典裡；而今，所有的文字在她的眼裡都是具有意義和力量。

與孩子共同成長中，父母不再是單向的鏡子，父母與孩子之間應該是雙面鏡，我們彼此學習、借鑑，保持最好的樣貌迎接每一天。

從造句到作文的飛躍

在陪伴女孩們閱讀的路程中，她們與文字結為盟友，不僅與書本成為朋友，更與文字建立了密不可分的默契。

以前小女兒常愛在圖書上畫畫，但當她與文字成為朋友後，某一天突然意識到，在書上畫畫是不妥當的，於是她認真地指正我：「媽媽，我覺得我們不可以在書上寫字，妳是大人了，更不可以！」

因為每一次閱讀所獲得的感悟都不同，因此我很多注釋都是用鉛筆寫在書上，不過經女兒提醒後，當我再次閱讀時，桌邊都會放著筆記本，隨時記錄我想要摘錄的內容，沒想到此舉讓我收穫頗豐。

以前的我總是快速閱讀，自從準備了筆記本開始記錄自己的心得，我發現閱讀像一日三餐，快速的閱讀會使我們的消化系統變得遲鈍，一旦無法消化就成了囤積的脂肪；

而當我將閱讀的速度放慢，仔細讀懂作者的用字遣詞，我會發現，作者的情節鋪墊和文字功力之深厚，我所閱讀的文字靈魂亦更多層豐富，如同享受到準備食材人的用心，我也享受了文字的盛宴。

✦筆記累積生活中的素材和成長記錄

踏入編劇圈後，有幸結識很多前輩，他們教會我很多的知識，讓我對故事有了新的認識，更教會我如何累積日常生活中的素材。

日常看的電影、小說，不管是情節或是對白，前輩都鼓勵我們要隨時記錄，將它們納為自己的財富。從那時起，我的筆記本不再只是記錄書籍的注釋，還在上面用標籤分隔記錄了很多美麗的句子，這些句子是散文，是詩歌，是小說中男女情深的某次告白或分別，是火車月台張貼的一句標語，是某天無意抬頭看到的一句廣告詞……。

每當創作靈感枯竭之時，我就抱著自己這些筆記本一頁頁地翻看，那些文字總是可以喚醒沉睡的靈感，讓我的雙手在鍵盤上再次飛躍地跳起舞來。女孩們看過我記錄的筆記，她們好奇地拿來看，每次我都會跟她們說：「看完要記得放回去喔，那可是媽媽的武林秘笈！」

武林秘笈！

多麼神秘又有力量的名字呀，女孩們很是好奇，於是我分享了編劇前輩們跟我講的道理，同時也送了姐妹倆每個人一本筆記本，讓她們擁有自己的「武林秘笈」！

小女兒年紀還小，她有了屬於自己的筆記本，可是卻沒有記錄文字，只在上面畫了各種畫，有公主和王子、她自己的素描、同學張小花、當天的太陽、週五的雨滴，她用歪歪扭扭的字跡加注音在一旁做了注解。這些筆記我不捨得丟，全都留著。

隔了一年後，我看到她在另一張紙又畫了公主王子、她自己的素描，而這一年她的字寫得端正漂亮，注解的文字亦清晰有條理。這些變化，家長們都會理所當然地歸於成長的必經過程，卻極易忽略孩子在過去一年所付出的努力。

因為有保留這些記錄，我把兩幅畫拿給小女兒看時，她驚喜地看著我：「媽媽，這些妳都還留著呀！」而我也藉這個機會鼓勵她的努力與進步，我相信，這亦是母女情深的秘笈之一吧。

收到筆記本的大女兒也在筆記本上畫畫，但是記錄的文字更多，她所記錄的並非從書中摘錄的詞句，而是偷偷地在練習如何寫日記。與我陪伴她共同寫日記不同的是，女孩自己隨手記錄的日記都很簡短，比如：**我有一個活潑可愛、像猴子一樣的妹妹，我很愛她。**她還在每篇日記後面都畫了一幅畫，而搭配主題的畫作讓日記更加生動具象。

後來我去她的班級跟更多的同學分享閱讀與寫作，初次見面，我送給同學們每個人一本筆記本，讓他們記錄日常生活中的美好詞彙。那一次，我與同學們分享了很多美麗生動的詞句，並讓他們聯想這些詞句還能在何時運用，女兒和同學們聽得入神，因為對文字之美的認知不同，每個同學所記錄的詞彙亦不同。

✦ 把美麗的詩句詞彙收進朋友圈

轉眼來到了暑假，我準備了稿紙和毛筆，想陪女孩們一起練習寫字。可是該往稿紙上抄寫些什麼內容呢？大女兒眼睛一亮，「媽媽我知道了！」她把我的筆記本拿出來，從中翻著她最喜歡的詩句。

我有一本筆記本抄錄了整本泰戈爾的《漂鳥集》，女孩認真地練習毛筆字，寫完還不忘跟我分享她選擇這一段的理由。她看著我說：

「媽媽，我知道妳為什麼把它們全都抄在筆記本上了。妳看，這些句子多美啊！」女孩隨手翻出一頁來念，「如果你渴望太陽而流淚，那麼你也在渴念著星星囉！」然後她自言自語：「如果渴望太陽而流淚，那麼想著星星的時候他能笑一笑嗎？」

我點點頭說：「會的。」

從那時起，女孩的日記本不再只是日記本，她有了一本專屬她的「詞典」。她閱讀時看到的美麗詞彙、我陪伴她寫日記時對萬物的描寫，那些文字都成為她詞典中的新朋友，女孩邀請這些文字朋友在她的「詞典」裡安頓好，每當她寫作時，她就會把她的專屬「詞典」翻開來，看看裡面是否有適合的詞彙。

有了自己的專屬詞典，女孩對於文字的敏銳度更高，詞彙像是散落的拼圖，她眼明手快地就可以將它拼好，把最恰當的文字擺放在最適合的位置。

前不久天氣開始降溫，大女兒思念遠方的外公，竟突然跟我說，有一首詩非常適合她和外公，說完就朗聲背起詩來：「綠蟻新醅酒，紅泥小火爐。晚來天欲雪，能飲一杯無？」

這是白居易的〈問劉十九〉，非常有畫面感的一首詩，全詩只有最後一句與情感有關，但人生有此一句，就已經足夠了。我可以想見女孩內心對外公深深的親情與思念，亦感謝在陪伴她的時光裡，我將文字給了她，讓她與文字結伴，唯此情感才能如此真實地被表達。

陪伴孩子閱讀、寫作，不妨也陪他們一起抓住文字的靈魂吧。

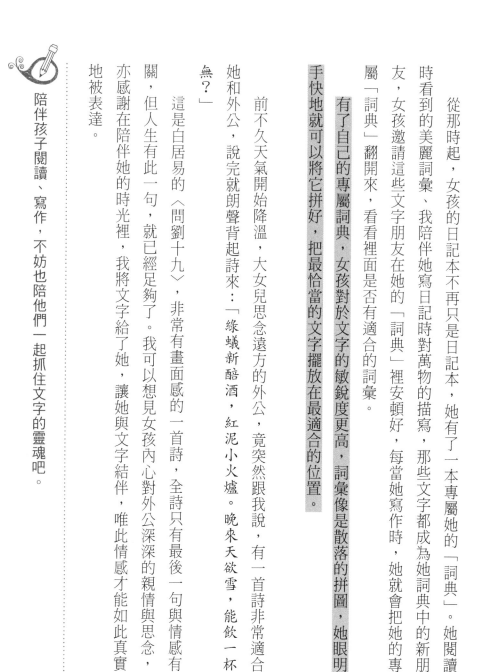

造句，請帶上眼耳鼻舌身，以及心靈

為了要讓孩子愛上閱讀，從陪伴女孩們閱讀的那一天起，我可說是用了很多心思，其中最重要的一環，就是讓閱讀走進生活。

我們曾在閱讀蘋果派的繪本時，烤過香甜可口的蘋果派；曾為了讓她們瞭解繪本書的形狀，做了無數相關的道具；亦曾為了讓她們認識四季的變化、樹葉的紋路，收集了不同季節、不同形狀的樹葉……如此用心良苦的原因只有一個：我想讓女孩們真切感受到閱讀與生活的密不可分。

✦ 走入大自然啟動五感學習

喜歡畫畫的大女兒不知道什麼是漸層，我在書中無法為她找到一個具體的答案，於是我牽著她的手，帶她去台北的陽明山。我們登上山頂，視野所及，遠方山林的樹木因距離遠近不同，在視覺上呈現出深淺不一的色澤。這一趟登高望遠，女孩不僅學習到了漸層，還間接學到縹緲在山中的霧氣有個很美的學名「嵐」。

之後有一天，女兒又問我：「媽媽，我今天的功課是要描寫榕樹，給榕樹造句，妳覺得我該怎麼寫？」

給榕樹造句？該怎麼寫？

或許有些家長會說：「用妳的想像呀！我們之前不是看過榕樹的繪本嗎？」或是索性上網抓榕樹的圖片給孩子看，「喏，這就是榕樹，照著它的樣子去寫就可以了！」這些敷衍的念頭也曾在我的腦海中閃過，但是還有一個聲音在我耳邊提醒道：「帶她去看榕樹吧！讓她帶著眼睛和心靈去描寫！」

因此我遵循我內心最真實的聲音，我看著女孩說：「走！我帶妳去公園！」

「公園？」女孩疑惑地看著我。

「公園裡有一棵很大很壯的榕樹喔。」

就這樣，為了教女孩如何為筆下的榕樹造句，我們走進了公園。

我先讓女孩伸出手撫摸榕樹，女孩伸出她的小手撫摸榕樹的樹幹、觸及它長長的鬍鬚，以觸覺去感受；接著我又讓女孩閉上眼睛，讓敏銳的聽力出來幫忙。

「寶貝，閉上眼睛，聽看看有什麼聲音。」

「小鳥的叫聲……」

「還有嗎？」我問。

「風的聲音，還有，河水的聲音，還有還有，媽媽的聲音！」

除了近距離的觀察，我又把女孩帶到遠遠的橋上。我們從橋上再次看向榕樹，女孩的視野變得不同了，透過遠距離，她看到榕樹像一把綠色的傘，還看到榕樹青翠的樹葉散發著不同層次的光芒。

「看到了榕樹，妳知道要怎麼描寫了嗎？」

女孩開心地點頭，「已經迫不及待想要寫了！」

回家後，女孩給榕樹造了五個句子——

榕樹有粗壯的臂彎和濃濃密密的樹葉。

榕樹有一片涼爽的綠蔭。

樹上新長出來青翠的葉子，為什麼會閃閃發光呢？

樹的綠蔭會擋住火熱的陽光。

樹葉在迎風起舞，鳥在吱吱喳喳地叫。

在我看來，這已經不僅僅是一段關於榕樹的造句，它在我的眼前有了畫面，我彷彿可以聽見風吹拂著榕樹葉發出沙沙的聲響、小鳥在枝頭歌唱，看到那鬱鬱蔥蔥的青翠葉子散發出光芒……伴隨著樹葉及鳥叫聲，讓我感覺自己宛如置身於大自然。

我很開心，遵循心底的聲音，讓女孩看到了最真實的風景，真情實感地描寫出眼耳鼻舌身意所感觸到萬物的生命力！

讓孩子以自己的視界去觀察與感受，他不但可以真切形容出榕樹的樣貌，更可以透過觀察榕樹，使孩子的詞彙來一次質的飛躍與成長。

讓孩子們知道語言的力量

我常感歎，我們學會了說話，卻沒學會如何說話。

自從創辦「悅讀趣」之後，我有幸與更多的孩子為伴，我們的互動不局限於上課時間，課後孩子們除了閱讀之外，我們也經常坐在一起聊天。我希望深入瞭解孩子們的內心世界，與他們建立同情共感的每一時刻，抓住孩子們的喜好，在寫作建立主題時，才能快速地為每個孩子找到最貼合他們的主題。

孩子們的語言常常讓我驚豔，同時，也令我感到驚訝。

有一次課後休息，平日積極回答問題的小凡，因為有同學拿了他的鉛筆盒，突然暴怒起來，舉手揮向同學，還用言語攻擊對方：「你為什麼穿著一件紅色的衣服！看起來非常噁心！你簡直就是一個娘炮！」

孩子們都嚇傻了。

然後小凡奪回他的鉛筆盒，轉而用一種溫和的微笑看著我問：

「雙雙老師，我們等一下是不是寫完結尾就下課了？下課還有什麼遊戲嗎？」

那一節課後我原本沒有安排遊戲環節，但看到小凡剛才的舉動，我點了點頭：

「好，我們寫完這篇作文的結尾就來玩遊戲吧。」說完我將視線投向身著紅衣的男孩，我遞給他一個微笑問：「好不好？」

紅衣男孩雖仍處於受驚嚇的情緒中，但在接收到我善意的微笑後，還是不假思索地點了點頭。

✦ 寫作課後的即興遊戲

我們的課後遊戲是「力量」。

我先和孩子們玩比手勁，小凡的腕力很強，連我也甘拜下風，當這個遊戲結束後，我說：「你們的小手擁有的力量真的很強大，連我這個大人都不是你們的對手！」

「老師，我最強！」小凡笑得很開心。

「你們覺得語言有力量嗎？」我問。

「有嗎？」小凡聳了聳肩。

「有嗎？」我反問。

「我覺得沒有！我們用嘴巴說話，嘴巴又不是武器，它都沒有辦法扳倒妳，怎麼可能會有力量？」小凡不以為意地說。

他的不以為意觸動了我的心，我和孩子們相處的時間不長，儘管每週下課後我都會陪他們聊天，但幾個小時的相處時光太短暫，課程期間所練習積累的詞彙量，相較於孩子們日常生活所真實接觸的海量詞彙，委實渺小至極。

即便如此，我還是希望可以導正孩子們的觀念。

「語言是有力量的喔。『我愛你。』當我說這句話的時候，你們都會向我靠近，你們覺得我是個怎樣的人？」我再拋出問題。

「溫暖。」「可愛。」同學中有人說。

「雙雙老師，我覺得妳有點肉麻。」小凡有些羞澀地說。

「那如果我說『我討厭你』，你們會覺得我是個怎樣的人？」我繼續問下去。

「有點可怕。」「我覺得老師可能生氣了。」同學們有問有答。

「同樣都是語言，為什麼我們接收到的情緒卻完全不同？我擁有武器嗎？」我說。

「原來嘴巴就是我們的武器啊。」小凡輕聲說，似乎有些瞭解我的意思了。

「語言的力量，很像一把刀，運用得宜，它可以切菜，還可以雕刻出漂亮的花；如果力量控制得不好，它就會突然刺向別人，傷害別人。但你以為傷害的只是別人嗎？有時候握刀的方式不正確，刀子也可能會誤傷了自己。」

✦用心擁抱，真誠對待語言

我請所有的同學把手都舉起來，跟最想握手的人言和。

「在這節課之前，我們不知道語言是具有攻擊性的，我們還不能控制那股力量，甚至不知道它是否因此而傷了人，但是從這一刻起，我們真誠地對待語言，好好說話，好不好？」

說完，我讓同學們把手都放在一起。

由我先發言：「你們上課的時候非常認真，很積極，你們感染了我，讓我覺得一起相處的時光非常非常地快樂。」

紅衣男孩說：「謝謝老師，妳每次都幫我們想到最好的詞，如果可以，我也想要給老師加點數，送給妳小紅花。」

安安說：「同學們對我很好，我寫字寫得很慢，但是他們都願意等我。」

小凡害羞地看著紅衣男孩說：「我給你一個機會，你也可以說我是娘炮。」

紅衣男孩笑著搖頭說：「我才不要！」

小凡繼續說：「那不然，給我一個擁抱也可以！」

如果還在煩惱「我們學會了說話，卻不知如何說話」的朋友，不妨先改變自己說話的方式，用愛說出來的話語不會刻傷別人的心，還會收穫更多的暖意。

意識到語言也擁有力量後，孩子們開始慢慢有了改變。

小凡以前在面對挫敗時總是先怪別人，但現在他學會先從自身尋找問題。有一次他被媽媽責罰，跟我聊起這件事情時，神情中沒有怒意，也沒有哀怨，他看著我笑說：「雙雙老師，其實媽媽罰我的原因，是因為我上課跟老師頂嘴，我知道是我不對，哎呀，我是不是提前進入叛逆期了？好想跟老師道歉喔。」

「那就去做呀，語言的力量，是要靠你自己才能完全使出力的喔。」

最初創辦「悅讀趣」，我希望可以陪伴孩子們閱讀及寫作，而現在，我更期許自己陪伴孩子們以文字成長的同時，他們的身心靈也可以獲得豐沛的養分，讓孩子們瞭解文字的意義，擁有善意和溫暖的力量，迎接每個嶄新的一天。

如果詩詞的創意是風箏，請做那個追風箏的人

跟大女兒班上同學約好要一起寫作，其中一位同學的媽媽貼心地為我們預約了圖書館的教室，讓孩子們可以在安靜獨立的空間中探索文字之美。

抵達教室後，我列了幾個寫作的主題給孩子們，比如〈美好的一天〉、〈太陽〉、〈星辰〉……可是同學們覺得這些主題都太難了。然而沒有主題，我們的寫作就無法展開，看他們一個個無聊地趴在桌上，有幾位甚至打起退堂鼓，我尋思著他們可能會感興趣的主題，突然看到孩子們擺在桌上的鉛筆盒，每個顏色造型皆不同，心想以此為主題既不會內容雷同，也可以發掘每個孩子各自的語言能力。

「哇，猜我抓到了什麼？我們就以它為主題好不好？」我拿起女兒的鉛筆盒說。

「我們要寫鉛筆盒？」孩子們滿臉疑惑。

「我看到你們每個人的鉛筆盒都不同，就像你們給我的感覺，也是不同的。你們聽

明可愛，活潑風趣，就像你們的鉛筆盒……」

「可是我們不會寫童詩。」

「我們一起來試著發揮觀察力和想像力，看看自己桌上的鉛筆盒像什麼，或是你期待它是什麼，好不好？」

就這樣，我們的童詩寫作正式展開了。

✦將品格學習帶入孩子的寫作課

透過孩子的眼睛觀察，我看到了孩子們的童真。在他們的筆下：

「鉛筆盒擁有魔法力，它們化身成毛毛蟲、大象的鼻子、圓形的竹筒……」而鉛筆盒的個性也開始凸顯出來：「它很可愛，每天都塞得滿滿的。」

看到這裡，我故意打了一個飽嗝，「哇，我的肚子好飽喔。」

立刻就有同學會意寫道：「它被餵得很飽。」「它的肚子裡塞滿了各種筆。」

教孩子們寫鉛筆盒的童詩，我也藉此讓他們學習珍惜愛護自己的物品，三個小時的陪伴時光，充滿了快樂與驚喜。

還有一次，我陪悅讀趣的孩子們一起創作童詩，有一個孩子堅持要以〈大象〉做為童詩主題，他覺得大象灑水的模樣非常可愛，但是當他寫下「大象長長的鼻子，噴出了水花」之後就停頓了，任他怎麼抓耳撓腮，他的筆都無法繼續在紙上寫出一個字。

「大象除了長長的鼻子，還有什麼呢？」我坐在男孩身邊問。

「很大的耳朵。」

「你覺得它像什麼？」

「像……耳朵……」說到這裡，男孩沮喪地搖頭道：「它本來就是耳朵呀，我不知道要怎麼形容。」

我因為大女兒特別愛看各類的小百科，在陪她閱讀時也吸收了知識的養分，就開口安慰男孩說：「你知道嗎？大象的耳朵很大，而且還特別薄，它扇起來的時候就像刮了一陣風，可以用來替自己扇風。」

「大象的耳朵是他自備的風扇喔？」

「駱駝的長睫毛是為了擋住沙漠的風沙，而大象的大耳朵除了可以當成風扇，還可以為它趕走蟲子。」

「媽媽，當遇到危險的時候，大象都會豎起耳朵，這樣做應該會把想要攻擊牠們的動物給嚇跑吧！」一旁的大女兒也幫忙補充。

「可是這樣寫還是太短了，我寫不出來。」男孩說。

「你再想想，大象還有什麼？」我鼓勵他。

「很胖的腳。」

「牠的身體非常有力量。」我一邊說一邊假裝自己很有重量地抬起腳，「大象走在泥土上，我用力地踩呀，地上留下了我的腳印，可是我希望你不要寫『大象在地上留下了腳印』，我們換個更有趣的方法來寫，大象在泥土上做了什麼事情？」

男孩搖搖頭。

我的腳再次踩下去，「我的腳在泥土上留下了腳印，像是蓋了什麼？」孩子們雀躍地答道：「妳在泥土上蓋印章！」

於是男孩笑著在紙上寫著——

大象在河邊玩耍
長長的鼻子
噴出美麗的水花
大耳朵為它扇來了涼爽的風
撲哧撲哧的風扇聲
把蚊蟲都嚇跑了

大象快樂地奔跑著
泥土上有大象的印章

生活中處處有詩，等待思考，等待被細讀，如果詩詞的創意是風箏，我願意做那個追風箏的人，像是《追風箏的人》書中臺詞一樣——為你，千千萬萬遍。

神奇的詞彙，讓孩子勇敢突破自己

我常會在孩子們寫作後跟家長深入聊天，聊孩子的心靈成長，以及他們親子間所遇到的溝通問題。我真的很幸運，家長都願意敞開心扉跟我談他們和孩子之間的矛盾，有一次小凡媽媽還特別打電話給我：「雙雙，我最近覺得很煩，小凡一直跟我撒謊，不管我怎麼跟他溝通，他就是不聽。他比較聽妳的話，妳可以幫我跟他聊聊嗎？」

身為母親的我，過去在練習與孩子溝通的課題上摸索了近十年，深知每個孩子有他獨特的個性，溝通也需要好時機，我不能貿然去問小凡：「聽說你撒謊嘍，怎麼樣，要不要跟我聊聊？」這句話看似親近，卻沒有跟孩子站在同樣立場，我也不願意讓小凡知道媽媽私底下說他的不是，讓他們母子產生嫌隙，於是我想出了另一個辦法。

我鼓勵孩子們多多閱讀，認識詞彙，建立屬於他們的「詞典」，而在那一天，我決定與孩子們一起學習詞彙。

✦ 文字所帶來的正面力量

那天照例下課後，我說：「親愛的，我還不想下課耶，你們可不可以陪我，我們一起聊一聊詞彙，好嗎？」

孩子們紛紛點頭。

接著我在黑板上寫下「尊重」和「勇敢」。

「我們今天來學習這兩個詞。」

我告訴他們，尊重的意思是尊敬、重視，勇敢則代表著勇於嘗試新的事物，不要被局限，要有熱情。說完之後，我看著孩子們說：

「做自己從未做過的事情，重視自己的內心，熱情且誠實地對待自己，尊重最勇敢的自己，你們有什麼最勇敢的事？或是期待自己做任何勇敢的事？我們來聊一聊好不好？」

「我喜歡做早餐，不管是煎蛋還是煎牛排，我都很熱情呀，這應該算是我做的最勇敢的事吧。」安安舉手說。

「你期待自己還有什麼勇敢的突破嗎？」

「老師，我參加了童軍活動，我希望自己可以學習更多野外求生技巧。」

我請所有孩子給安安鼓掌。「祝安安早日完成自己勇敢的夢想。」然後我轉看向小凡問：「小凡，你呢？」

「老師妳呢，妳期待自己有什麼勇敢的突破？」小凡反問我。

「我雖然當了媽媽，但偶爾還是會犯錯，有時候對孩子會沒有耐心，我願意停下腳步，跟姐姐或妹妹道歉，告訴她們某件事情我處理得不夠好，像是昨天早上，我催促姐妹倆趕快出門，因為上學就快要遲到了。」

大女兒聽我說到這件事情，突然有點不好意思，「媽媽，昨天在上學的路上妳就已經跟我們道歉啦，可是我跟妹妹也有錯，我們應該前一晚就把東西整理好。」

「如果是嘗試新的事物，那麼，跟媽媽道歉不知道算不算？」小凡吐了吐舌頭。

「哇，小凡跟我一樣勇敢耶，我相信，只要不局限自己，熱情地重視自己的內心，就一定算！我期待你下次跟我們分享你勇敢的心得喔！」我很開心，小凡從心底把我當作朋友，他願意敞開心扉向我傾吐煩憂。

我並沒有要小凡告訴我事情經過，但是透過詞彙的深入瞭解，小凡竟在那天主動跟媽媽道歉，聽說母子的和解非常溫馨感人。

我曾陪孩子們一起瞭解語言的力量，而此刻，文字也給了我同樣的正面力量，從這件事情之後，每一節課後我都會陪孩子們多認識一些詞彙，從生活的角度出發，讓孩子們可以更誠實地與真實的自己相遇。

✦文字的熱情，年復一年，永不止息

有一次陪孩子們寫作，正逢母親節，我希望他們以〈媽媽〉為題創作童詩。寫作前，我們先溫習了和母親有關的詩〈遊子吟〉，我陪著孩子們把整首詩念了一遍，還將詩中的詞列出來，逐一解釋詞句的含義。念完這首詩之後，剛才還不知如何落筆的孩子們開始有了想法，他們把題目改成了〈親愛的媽媽〉。

在孩子們的筆下，媽媽這個角色綻放出了愛的光芒：

「媽媽像天使，善良地包容著我，她用光照亮著我，把所有的愛全都給了我、守護著我；媽媽像動作緩慢的樹懶，臉上常常帶著笑容，但不管她的動作多慢，擁抱我的時候，總是快速地伸出了手，被媽媽擁抱的我感覺很溫暖……」

而大女兒則在寫給我的童詩中寫道：「媽媽像一顆有愛的心，再多的錢也買不到這顆心，她總是在心裡默默地為我祈禱……媽媽像一個魔法衣櫃，在我很冷的時候，給我溫暖的擁抱……」連我跟他們解釋〈遊子吟〉中三春暉的含義（三春，指春天的孟春、仲春、季春；暉，陽光。三春暉形容母愛如春天和煦的陽光）也被女孩寫進了童詩裡，「媽媽像春天和煦的陽光，帶給我充滿希望的氣息，親愛的媽媽，我愛您。」

一年後，時逢母親節，我跟孩子們聊起我們曾經記錄的點滴，他們早已不記得當初所寫的文字，聽我念完他們那時候寫的童詩，一個個眼睛都泛起了淚光。

「媽媽，我真的有那麼說過嗎？」大女兒故作淡定地問我，然後又寫了一首溫暖的童詩送給我，這一次她寫的題目是〈媽媽，我愛您〉。

我還是一個胎兒時
我期待聽到世界的聲音
但當我降臨到這個世界
我最期待的
是您甜美的聲音

您給我溫暖的擁抱
鮮甜的乳汁
舒適的衣服
聰明的智慧

對世界萬物的好奇心

親愛的媽媽
我要為您點亮一盞燈
這盞燈裡有我對您的祝福
永遠的青春
快樂的回憶
希望這盞燈
到世界末日 都不會滅

媽媽
我愛您

我再次驚歎於文字的熱情，文字之火、之力量、之溫度，到世界末日，都不會滅。

近義詞、多義詞，文字遊戲玩起來

大女兒有一次學習了新的詞彙，她回來問我：「媽媽，妳知道『認識』的近義詞是什麼嗎？」

女孩的問題很簡單，我卻一時之間找不到最合適的說明回應，就故意問她：「妳覺得『熟悉』這個詞和『認識』接近嗎？」

「可是這兩個詞讀起來意思很不像耶。媽媽妳聽喔，『我認識了新的同學』和『我熟悉了新的同學』，第一句的意思是我們剛認識，可是第二句意思卻是我已經跟同學很熟了。」大女兒一臉困惑地說。

女孩說完又認真地查了詞典，認識的釋義是「知曉，認得」，熟悉的釋義則是「瞭解得很詳細，清楚地知道」，這兩個詞雖是近義詞，但是解釋卻完全不同。

「媽媽，我覺得熟悉的近義詞是『瞭解』，而認識的近義詞應該是『知道』。」女孩反覆思索後說道。

從那天起，女孩們對近義詞產生了濃烈的興趣，甚至連上學的路上都不忘近義詞。

✦語言重組的力量：文字找碴

有一次上學途中，我問大女兒：「姐姐，等一下妳想吃什麼早餐？」

大女兒一副詩人的作派，她笑著搖頭晃腦道：「哎！早餐對我來說真是一個艱難的決定呀！」

「姐姐，妳已經決定了嗎？妳要吃什麼早餐？我也要！」小女兒靠近姐姐問。

「我還沒有決定啦，不好意思喔，讓妳誤會了，更正確的說法應該是『選擇』，早餐對我來說真是一個艱難的選擇！」大女兒笑著說，然後她興奮地看著我，「媽媽，妳覺不覺得，把原本的文字用說話的方式表達出來，我們很快就能找出病句耶！妳一直讓我們說話，原來都藏著奧妙呀！」

不久後，大女兒在考試後又跟我聊起語言重組的力量。

「媽媽，我跟妳說喔，今天的試卷有一題是陷阱題，『呈現』和『展現』是否是近義詞？我第一次念『書本中呈現的內容』和『書本中展現的內容』，覺得這兩個詞不是同義詞。可是後來我又把這兩個詞換了一個場景，『山林呈現在我面前』和『展現在我面前的山林』，媽媽，妳覺不覺得很奇妙！這兩個意思居然一樣了耶！」

而這一個近義詞，全班只有女孩一人答對了。女孩的滿分並非僥倖，她對每個文字擁有熱忱，願意去瞭解文字背後的意義，並且嘗試不斷地拆解它們，讓自己和文字都找到最適當的位置，就如同女孩所說的：「我和文字朋友可是每天都親密接觸。」

✦此八卦非彼八卦：文字聯想

我和女孩們時常玩文字遊戲，即使是一起去逛街、等紅綠燈的空暇，也因為文字遊戲，而讓我們多了很多的玩樂時光。

陪孩子們學習了近義詞，我們又玩到了多義詞。

有一次我陪女孩們去公園散步，路上看到有戶住家的門上掛了八卦，女兒轉頭看著我說：「媽媽，八卦其實有兩個意思喔，一種是物體的，掛在門上可以驅凶避邪，另一種是別人到處談論的八卦，媽媽，妳懂的，對吧？」

喜歡女孩對於文字的聯想，我笑著點頭說：「當然，我懂呀！還有嗎？」

「是非！一種解釋是正確與錯誤的選擇，還有一種是議論別人，所以不是有個成語叫『搬弄是非』嗎？」

女孩們腦子動得飛快，不斷地想出新詞，並正確地將文字的含義解釋到位——毛毛的、潑冷水、門檻、包袱、碰釘子……。

在走往公園的路上，我們就這樣一路聊呀聊，姐妹倆臉上洋溢著快樂的笑容，而感性的我不僅露出了笑顏，內心更有滿滿的感動。我想起朋友曾經跟我說：「妳怎麼會有那麼多時間陪孩子啊？我沒有時間。」

時間像海綿，擠一擠總是會有的。放下手機，關掉電視，陪伴孩子來一場心靈的對話，相信我，受到啟發的那個人，一定是你。

PART 4

怎樣開始寫作呢？

畫孩子最想畫的

因為寫這本書，記錄陪伴孩子閱讀及寫作的時光，我把女孩們的日記本和寫過的稿紙做了一次整理，這絕對稱得上是一場大規模的整理，女兒太喜歡隨手塗鴉，我保留了她們姐妹所有的畫作、簡單寫作的句子，這才發現，其實早在大女兒二年級時，我就已經開始陪伴她寫作了。

最初陪伴女孩寫作時，寫作對她來說是一個大難題，可是因為她很喜歡畫畫，我就跟她說：「我們來畫畫吧，畫妳最想畫的。」

「我最想畫我的家人！」

於是，女孩的筆下有了溫暖的太陽，她用筆在一旁標上注記：爸。接著她又畫了一個戴著廚師帽的女生，圖的右上注記：媽。再來是一隻微笑的猴子。對這隻猴子，我一直都非常好奇，就問她：「姐姐，妳這隻猴子是誰呀？」

「還能是誰，當然是我們家最調皮可愛的妹妹啦！」她邊畫邊說。

「這幅畫的名字叫什麼？」

「我的家人！」

「如果讓妳為妳的畫配一段文字，妳會怎麼寫呢？」

「我的爸爸像太陽，他照亮大地，照亮我們；我的媽媽像廚師，煮飯給我們吃；我的妹妹像猴子，整天玩遊戲。」她說得很溜口。

「哇，如果把這些變成文字，就是一篇〈我的家人〉，妳要不要試著寫寫看呀，妳還可以為文字畫上插圖喔！」

✦〈我的家人〉變成文字從畫中跳了出來

二年級的小女生果真握起了筆，認真地坐在書桌前寫日記，一個一個介紹家庭中的主要成員：

「我的爸爸像太陽，他照亮大地，照亮我們；我的媽媽像廚師，煮飯給我們吃；我的妹妹像猴子，整天玩遊戲。」

「除了這些，還有妳想要介紹的成員嗎？」

女孩眼睛一亮，「我還要介紹外公、外婆還有阿姨。」說完她低頭繼續寫：

「**我的外公像大熊，保護我；我的外婆像母熊，買衣服給我。**」

我看完忍不住撲哧笑了出來。

「外婆為什麼是母熊呢？」

「外公是大熊，所以外婆是母熊啊！」

噓，不要笑！不要擾亂孩子的思緒，只要順著他們的思緒繼續往前走就好了。雖然我很想刨根究柢問，那為什麼爸爸是太陽，我卻是廚師呢？

「**我的阿姨像白鵝，對人很親切。**」女孩又寫道。

「媽媽妳看，我寫完了！」她放下筆，把日記拿給我看。

「謝謝妳，真的是很溫暖的一家人，有溫暖的太陽，有隨時可以餵飽大家肚子的廚師，還有一隻活潑好動的猴子、疼愛妳的外公外婆、對妳很親切的阿姨，那如果要妳用一句話總結，妳會怎麼在〈我的家人〉的作文中做結尾呢？」

「什麼是結尾？」

「就是一句讓妳最感動的話！」

女孩不假思索地提筆補上結尾：

「**我有這麼好的家人，我覺得好快樂！**」

透過孩子的繪畫興趣，讓她勇敢拿起手中的筆。完成作品的女孩捧著日記默默看了很久，說來有趣，這篇作文後來還化解了一場姐妹大戰，並為我們的親子關係又添了甜蜜且濃烈的一筆。

✦「她不是醜八怪，我好愛〈我的妹妹〉」

有一次姐姐獨自坐在書桌前生悶氣，不管我怎麼問，她都低著頭，倔強地不願意回我半個字。我不知道該怎麼跟女孩對話，正當我沮喪得想要放棄時，猛然看到姐姐的日記打開了，一支筆夾在〈我的家人〉這一頁，而畫著猴子代表妹妹的圖案後面寫了大大的三個字——醜八怪。

「到底是誰惹我們家姐姐生氣了？是不是那隻活潑、愛玩遊戲的猴子？」我抱著女孩安撫著。原本還抗拒著要躲開我的女孩，伸手一把抱住了我，眼淚也委屈地掉下來。我繼續說：「她不是醜八怪，她是我們家的小可愛，走，我去問問小可愛，為什麼惹哭我們家的姐姐呢？她難道不知道，『我有這麼好的家人，我覺得好快樂』嗎？」

聽我這麼一說，原本還哭著的女孩突然仰頭笑了，等活潑愛笑的妹妹一靠近，就被姐姐伸出手臂摟進了懷裡，剛才還生氣的姐妹倆瞬間又抱成一團。

後來姐姐開始獨立寫作時，她寫了一篇〈我的妹妹〉：

我的妹妹像猴子，因為她每天一下子玩球一下子玩積木，像猴子一樣活潑好動。我好高興有她這樣的妹妹，她常常會跟我一起玩，我們有時候玩捉迷藏，有時候玩扮家家酒，妹妹的脾氣很好，不管我說什麼，她都會聽我的話，我好愛我的妹妹。

繪畫與寫作，雖然不是同一支筆，卻可以透過孩子有興趣的那支筆，以感情，以心，讓他們逐步愛上寫作。

作文起步好難，那就邊畫邊寫吧

以繪畫的形式出題，創作自己的看圖說話

讓孩子愛上閱讀，似乎很容易，畢竟每個人都是喜歡聽故事的，尤其是動聽曲折的故事。我們緊緊依偎而坐，以閱讀打開每一天的親密時刻，但對於寫作呢，卻不是每個人都有興趣一直緊握住手中的筆。尤其現在科技發達，電視節目及電腦遊戲無時不刻不在搶奪孩子的眼球，如何讓孩子們安靜地坐在書桌前寫作呢？

✦ 媽媽的陽謀：好想知道妳畫的是什麼？

女孩們上小學後，我們家書桌的高度也升級了，我為她們添置了白色的木紋書桌，姐妹倆的書桌並排而放，我會在每一天她們洗完澡後，陪女孩們坐在書桌前寫寫畫畫。可是要如何在陪伴她們的同時又結合畫畫和寫作？

除了愛畫畫，大女兒閱讀的書籍也很廣泛，讓她最熱衷的莫過於各類小百科，她喜歡看《植物小百科》、《花的世界》、《海洋生物》，對於花草植物的特性可謂瞭若指掌，如果讓她將文字和畫畫結合，以畫畫為基礎，用文字去介紹，是否可行呢？

我決定試一試。

有一天晚上，大女兒坐在書桌前畫畫，她正在畫一朵花。

「姐姐，這是什麼花呀？」我問。

「牡丹花。」

「妳好棒喔，可以把花畫得這麼好看。」我由衷地發出讚美，不會畫畫的我特別羨慕擁有畫畫天分的人。

「媽媽，妳也很棒啊，妳會寫作呀！」

「我要去樓上整理廚房，沒辦法在這裡陪妳畫畫，可是我真的好想知道妳畫的這些是什麼，妳可以幫我介紹它們嗎？」我跟女孩撒嬌道。

「好，可是我要怎麼介紹？」女兒對我的撒嬌向來非常買帳，她點了點頭。

「妳最喜歡看的《植物小百科》，就是文字和圖片搭配在一起介紹植物，妳也可以用同樣的方法。」

「好哇，我願意試試。」

「如果有不會寫的字，妳就先用注音代替喔，等我下樓再陪妳一起查字典。」

當我從廚房下樓時，女孩的畫已經畫好了，正在做文字介紹。她畫了好幾種花，只見她在紙上寫著——

花朵：有一種花可以吃，你知道是什麼花嗎？是牡丹花的花瓣。我沒有吃過，是從電視上看到的，但是要沒有加農藥的才可以吃喔。世界上最大的花是大王花，它會發出一種難聞的臭味，蝴蝶和蜜蜂才不會理它呢，但是有許多的蒼蠅和蟲子願意為大王花傳播花粉。台灣欒樹會開花，但是每個季節的顏色都不一樣，夏天是黃色，秋天是粉色，到了冬天會變成褐色，花謝了以後裡面有欒樹的種子。

跟孩子撒嬌，無往不利！以畫畫為基礎形式，讓孩子用文字介紹自己的作品內容，培養他的文字敘述及整理能力。

✦女兒的逆襲：考考妳，儘管考！

偶爾女孩想放鬆一下，那天不想寫字的話，也沒有關係喔！我跟女孩們之間還有一個遊戲——自己出題目。

姐妹倆非常熱衷這項遊戲，為了難倒我，每次想題目都絞盡腦汁。

我跟女孩說：「答案選項裡面可以寫一些優美的形容詞嗎？」

女孩們果真把我的話聽起去了。

有一次女兒出的題目是：「為什麼海螺可以發出好聽的聲音？」然後她列出三個答案選項，分別是：A、因為大海螺會教可愛的小海螺唱歌；B、因為海螺裡面有甜甜的新鮮空氣；C、不知道！

而為了讓題目更加動人，女兒還會在文字上面配圖，A和B的選項上還附著美麗的音樂符號，讓我在回答題目時顯得心曠神怡。

陪伴女孩剛踏入寫作時，我們沒有按部就班地學習起承轉合，但是寫作的邏輯力和起承轉合，卻又暗藏在日常相處的微小細節中，它看似不起眼，卻是最有養分的土壤。以故事餵養孩子們長大，這些日常的點滴，會讓他們寫作的心苗壯長大。

作文起步好難，那就邊畫邊寫吧

以繪畫展開劇情

大女兒坐在書桌前畫了一隻蝴蝶，看著她認真在紙上著色，我坐在她身邊詢問她該怎麼畫蝴蝶的觸角。

「媽媽，妳拿著筆，我教妳畫蝴蝶。」女兒拿起一支筆遞給我。我跟著她一起畫了一隻蝴蝶，我的蝴蝶翅膀顏色很單一，女孩畫的蝴蝶色彩斑爛非常好看。

「姐姐，假如妳是一隻蝴蝶，妳會希望妳的翅膀是什麼顏色呀？」

「應該就像我畫的這樣吧，滿滿的都是各種顏色。」

「那假如妳是蝴蝶，妳還希望做什麼事情呢？」

「我想要飛到每一朵花上，聞聞不同的花香。」

那天，我們就「假如」這件事情聊了很久，二年級的小女孩跟父母正是關係最親密的時候，女兒的回答充滿童真也創意無限。

✦蝴蝶撲進了蜘蛛網，再來呢？

然而這個話題並沒有結束，週四我去學校接女孩們下課，散步回家路上大女兒突然說：「媽媽，妳還記得上次問我，假如我是蝴蝶的事情嗎？我今天寫了一篇作文耶！」大女兒還是二年級，老師並沒有要求學生寫作文，我好奇地問：「妳寫了什麼呀？」「我寫了〈假如我是蝴蝶〉。」女孩開心地說。

這算是女孩二年級時初次自己完成的作文，文中她寫道——

假如我是蝴蝶，我希望我的翅膀有很多顏色，黑色、黃色、粉紅色、紅色、藍色……我每天和蜜蜂一樣採花蜜和花粉，大家都說我很勤勞，我也對他們說：「你們也很勤勞呀！」我每天聊天、說笑、玩遊戲，有一天我被蜘蛛網黏住了，我逃不過蜘蛛的手掌心，但是我不放棄，我一直動一直動，終於逃出了蜘蛛的手掌心，我好開心！

在女孩的作文下方，她還用兩格漫畫畫出蝴蝶被蜘蛛網網住的狀態，以及蝴蝶逃出蜘蛛手掌心喜悅的神情。看著女孩充滿童真的創作，我很高興，也讓我看到她畫漫畫的天賦，因此我鼓勵她多畫畫，將心中所想的透過筆與色彩完美展現。

✦「媽媽，我要用畫筆寫劇本」

隨著女孩的成長，寫作和畫畫都成為她的喜好。有一次我在咖啡館寫稿子，大女兒坐在一旁畫畫，她探頭看我的電腦問：「媽媽，妳的故事還沒有寫完嗎？妳這次寫的又是什麼故事？」

「媽媽這次寫的不是長篇小說喔，我寫的是劇本。」

「什麼是劇本呀？」女孩好奇地問。

「劇本跟小說不太一樣，劇本是給導演和演員看的，他們會從劇本中讀到臺詞、表情和動作，除了這些之外，還有場景。就像妳畫畫，妳畫了白雪公主，就是我劇本中的演員；當白雪公主來到七個小矮人的房間，那就是他們的場景。但是光有這些還不夠，白雪公主和小矮人的對話，就是我要寫的重點。」我解釋著。

「妳的劇本只能在電視上演嗎？」

「不是喔，用妳的筆也可以呀！」我借了女孩的筆和紙，在她的紙上畫起簡單的火柴人，「妳看，這兩個人初次見面，可是他們並不認識。下一場他們在雨中相遇，妳猜他們會說什麼？」

「他們應該會朝對方笑笑，說你好。」

「妳好棒喔，然後呢？他們會發生什麼事情？那全都是妳的安排喔，是不是一件很酷的事情？」

「媽媽，我也要來寫劇本。」女孩認真地說。

女孩畫了一頁很有趣的三格漫畫：一個人要去廁所，他彎腰捂著肚子進到廁所裡面，等他從廁所走出來洗手，整個人顯得輕鬆不少。

我很高興，她意會了什麼叫做連貫性的故事，此後女孩時常以劇本形式繪製屬於她的漫畫，甚至動筆畫之前會先製作人物表，擬好出場人物的名字、血型、星座，在漫畫中交錯的事件等。前不久她畫了一本《天使與惡魔的決鬥》，漫畫故事中的主角不但會變身，場景還會隨時轉換，角色對白也都非常精準有趣。

女孩跟我分享她自己創作的漫畫，還撒嬌地摟住我的脖子說：「媽媽，我覺得啊，畫漫畫最重要的，其實並不是畫畫的功力。」

「喔，那是什麼最重要？」

「畫畫的功力雖然也要持續進步，但是我覺得說故事的能力更重要，只要你的故事吸引人，這本漫畫就有了靈魂！」

「妳怎麼會有這樣的感悟呀？」

她靦腆一笑，伸長她的手臂環抱住我。

「也不是啦，只是最近有六年級的大哥哥大姐姐都會翻看我的漫畫，他們都說我很有天分，所以我要謝謝妳，媽媽，謝謝妳一直都陪我說故事、寫故事。」

十年前我也是像這樣抱著女孩坐在圖書館地板上，媽媽和女兒對望著，一字一字開啟我們說故事的旅程。

過去十年一直被故事餵養的女孩們，如今成長得甜美又灑脫，眉眼間對世界萬物的好奇從來沒有變過，原來我們過去所走的每一步，都是為了等待更好的現在——飽滿且充滿希望。未來的風景，我相信也會如同女孩所繪的蝴蝶翅膀，色彩斑斕。

練習寫食譜，懂得時間和邏輯順序

陪伴孩子寫作，要如何讓他們瞭解什麼是「情節」呢？

雖然女孩們都知道是發生事情的順序，但每次寫的時候都還是會顛倒。剛開始陪伴女兒寫作，都是她們口述，我在旁邊動筆整理。如果是我們共同參與的事情，我還可以幫著一起回憶，給予一些意見參考，像是露營、全家野餐、遇見螢火蟲，這些事情我們彼此都有參與，容易產生同情共感，寫作時也可以快速為女孩們整理出思緒，以及如何起承轉合；但寫作主題如果只是女孩的自身體驗，我只能透過不斷的聊天瞭解事情經過，才能為她們整理出順序。

記得最初陪伴寫作，女兒和我處於「她說我寫」的磨合期，挑選的題材都是我們所經歷過的，但隨著養成寫作習慣並滲透進生活中，我希望女孩可以記錄她親身體驗的事情，並且自己整理發生過的事件。

✦ 文字傳神也只能靠手動剪輯

女孩經由口述講故事，邏輯力非常好，她知道事件發生的順序，而且語言整理有一個最大的好處，就是可以隨時補充。

有一次女孩和朋友一起去公園玩，回來後跟我說他們共同玩的遊戲，他們為遊戲制定了規則，最後他們還結伴一起去老街吃花生捲冰淇淋，女孩講完一天的公園之行突然又說：「媽媽，妳知道我們玩遊戲前還看到什麼嗎？我們看到了松鼠，牠身體的顏色很特別，是黑色的，爬樹的速度飛快，那雙眼睛黑漆漆的，看起來特別聰明！」

女孩對松鼠的描述很生動活潑，在與人對話時，像這樣突然冒出來一句絲毫不覺得突兀，因為我們大腦會自動將松鼠與她在公園玩耍的場景結合，但如果是文字呢，敘述了女孩一天所發生的事情，在結尾處突然又加了這樣一段，不管這段寫得多動人，都會顯得畫蛇添足。

✦ 寫食譜也是一種寫作練習

而除了日常的寫作，還有什麼辦法可以練習書寫的順序呢？

有一次我跟好友訂了一批地瓜，她種植的地瓜鬆軟香甜，我特別訂了最大包，除了自己吃之外，還分裝送給同事及好友們。女孩們也很愛吃地瓜，但就算再喜歡，每天都吃一樣也會膩呀！為了讓地瓜變得更好吃，貼心的女孩幫我找了很多地瓜食譜，不管是蒸的、煮的，還是做成焗烤，她們對即將出爐的地瓜料理總是充滿期待。

有一天早上我問女孩們：「今天早餐想吃什麼呀？」

「焗烤地瓜！」女孩們異口同聲說道。

「媽媽，今天晚上可以做妳最拿手的紅燒肉嗎？」大女兒又補了一句。

「好。」

「媽媽，我問妳喔，紅燒肉的做法是什麼？」

於是我跟女孩聊了紅燒肉的做法。

那天女孩放學回家後，突然遞了一張紙給我：「媽媽妳看，我把妳做的紅燒肉食譜寫下來了。」

因為查過地瓜的料理方法，女孩對於食譜的內容已經會寫了，她記錄了紅燒肉使用的食材、調味料以及料理的順序……等等！女孩寫的食譜中，梅花肉沒有汆燙，沒有寫明將肉塊放進鍋子裡炒到表面焦黃，冰糖放入的時間也提前了。

「如果按照這張食譜，煮出來的可能不是媽媽最拿手的紅燒肉嘍。」我笑著說。

「我馬上改。」

看著女孩修改食譜的順序，我突然聯想到自己一直苦思寫作的順序，用寫食譜來練習，不是最棒的事情嗎？

女孩們最喜歡跟我進廚房看我做料理，我每次煮的菜她們都很捧場，全部吃光光，從那時候開始，我都會跟女孩們聊要吃什麼，而她們除了會口頭將煮菜的順序說出來，還會整理成食譜，寫作的順序也就此養成。

食材因料理的順序而產生不同的層次，讓口感加分；寫作也因順序的整理有了跌宕起伏的劇情，讓故事更優美風趣。

從開心的經歷中選擇主題——〈露營〉

正式陪大女兒寫作，是在她小學要升三年級的暑假。在此之前，她自己記錄創作了很多作品給我，其中以母親節和生日卡片居多，貼心的她偶見我情緒不佳、寫稿辛苦勞累，也會自製一張卡片，畫一幅畫，寫幾句讓我倍感暖心的話語送給我。

但是對於她的寫作，我該以怎樣的狀態開啟呢？

✦小女孩的期待：「只想妳多陪陪我」

女兒和我感情很好，她和妹妹每天下課回到家，會跟我一起聊當天發生的趣事、一起在廚房做點心，直到睡前都在不斷地對話，分享彼此一天的收穫。即便週末我們也都形影不離，她還是覺得和我相處的時間太少，曾經抱著我說：「媽媽，妳工作一小時賺多少錢？我可不可以用零用錢買妳的兩個小時，我只想要妳多陪陪我。」

孩子渴望有人相伴的心願，一刻都不曾減少，只不過我們常常忽略與他們共處的時光，當他們長大獨立，或許我們就再也等不來這一句殷殷期盼了吧？為了彼此不留下遺憾，我跟女兒約定好，除了每天的親子時間，每週我都會陪她一起寫作，那段具有特殊意義的時光，只有我和她，女兒雀躍地答應了！

陪孩子寫作，我決定從記錄生活的點滴開始。這些點滴裡有我們共同的記憶：一起遇見天空的彩虹，一起期待日出，一起野餐踏青，一起與大自然親密接觸，一起做手工藝，一起在圖書館待整個下午……這些獨屬於我們的親密時光，在陪伴女孩寫作期間，再次被從記憶中翻揀出來。我們的日記，就從生活的日常開始。

✦ 落筆前先把主題定下來

萬事起頭難，我在陪伴女孩寫作的過程也遇到同樣問題，平常的生活細瑣，溫暖的點滴細節，要如何以女孩的角度記錄，寫出完全屬於她的文字風格呢？

女孩握著筆坐在書桌前，面對空白的稿紙，雙眼疑惑地看著我問：「媽媽，我們要怎麼開始寫作？」

是啊，怎麼下筆寫一篇作文呢？我告訴女孩：「寫作之前，我們必須先想好要寫的主題。如果妳今天想記錄日出，我們就要寫太陽是如何升起，以怎樣的方式出來跟我們打招呼。它是害羞地躲著跟我們捉迷藏，還是大方地向我們熱力發散？假如妳定的題目是『日出』，卻一直在寫聽到怎樣的海浪聲，海邊有多少隻螃蟹在沙灘橫行，那我們寫的主題還是日出嗎？」

女孩點了點頭，又問：「是不是確定了主題，我們就可以開始寫作？」

「確定主題後，我們還要想想寫哪些情節。」

「什麼是情節？」

我想起女兒有一次說《賣火柴的小女孩》的故事給我聽，我們聊到「情節」時，她說「情節是故事中發生事情的順序」，所以我就以此為例，進一步說明什麼是情節。

「寫作中的情節，就是把我們身心所感觸到的都記下來。眼睛看到的，耳朵聽到的，或是心靈感受到的，以及我們自己想像的，都是『情節』，只要和主題貼切的都可以記錄下來。」

「好，我知道了。」

女孩搖了一下筆頭，低頭沉思了一會兒，又說：「我們來寫露營吧！那天我玩得特別開心！」

那次露營是我和女孩們的初體驗，跟的是有豐富野營經驗的朋友一家。為了讓露營新手可以輕裝上陣，朋友只安排我們負責一日三餐，其餘物品皆由他們準備。兩天一夜的野外露營，讓我們徹底遠離塵囂，在沒有網路和手機訊號的山上，度過甜蜜的親子時光。因此，當女兒想到要以露營為主題時，我連連點頭表示贊同。

✦情節千頭萬緒，放手寫就對了！

女兒提起筆寫下主題〈露營〉兩個字之後，她的手再次停住了。

「怎麼了？」我問。

「兩天一夜，發生了那麼多事情，我要怎麼樣寫露營？」

「露營中發生事情的順序，就是情節，不要擔心，寫就對了。」我鼓勵她。

於是女孩提筆開始畫露營當天的天氣，畫完了天氣，又在〈露營〉的標題畫上愛心和翅膀。

我繼續為她打氣：「放手去寫，我可以陪妳一起想。寫作寫作，我們要寫出來，才可以稱之為作品。」

「我不會寫！」女兒沮喪地說。

「不要顧慮太多，我陪著妳。」

女孩拒絕了我，「我還是不知道要怎麼寫！」只見她握鉛筆的手越來越用力，愛心和翅膀在她筆下描繪得越來越重。

我瞭解大女兒的性格，也知道凡事要以興趣為主，千萬不能在最初興味盎然時，讓一盆冷水澆熄她對這件事情抱持的美好期待。而女兒對寫作最初的期待，只是單純想跟我朝夕相伴，不願錯過一分一秒的相處時光，我又怎麼忍心在這時候責怪她？

我拿過女孩手裡的鉛筆，把稿紙挪到我的面前，跟她商量說：「姐姐，妳看這樣好不好？我們一起想露營當天事情發生的順序，媽媽負責寫草稿，如果我哪裡寫得不好，妳再來補充怎麼樣？」

聽到我的提議，女孩的眼睛終於露出淺淺的笑意。她連連點頭說：「好啊好啊，我的記憶力最好了！」

就這樣，以她的語言，以我的筆開展的寫作旅程啟航了。

雖然是以「女兒說，媽媽寫」來起頭，但我知道，終有一天，女孩會自己握住這支寫作的筆，盡情在稿紙上舒展她的喜樂、她的見聞、她的心願、她的暢想。

〈露營〉

我最期待的兩天一夜露營終於開始了，我們準備了食物、水、鍋子等生活必需品，全家出發嘍！

開車技術高明的爸爸讓我們很安心，一路上，我和妹妹都睡得很香甜，當會合叔叔、阿姨一家後，我也睡飽了，我們的車子開向山中，當天的天氣晴朗，天空很藍，白雲像鬆軟的泡沫，山上的風景很美，山是一層一層的，而且顏色的深淺都不同，那是因為距離而產生了層次，在經過曲折的山路後，我們終於到達目的地。

爸爸和叔叔一起搭帳篷，媽媽和阿姨負責煮飯，我呢？我當然是他們的小幫手，除了照顧妹妹，還幫爸爸拿鐵錘，更幫媽媽洗菜，真是忙碌的一天啊！

吃完飯，我拿著鐵錘開始敲敲打打，體驗釘釘子的樂趣，露營地的人越來越多了，朋友也越來越多了，有人打羽毛球，有人打籃球，我跟新認識的朋友一起下跳棋，他真的好聰明喔！

天色越來越暗，風也越來越大了，吃了豐富的火鍋晚餐後，爸爸帶我們去夜遊，我和妹妹每人拿了一支手電筒，我們看到了綠色的蚱蜢、比我拳頭大的蝸牛，還聽到了蚱蜢的叫聲，牠的叫聲嘰嘰喳，像是山中天然的音樂播放機。

有人在山頂玩起了仙女棒，活潑的妹妹很快就融入了他們。

真的是快樂又充實的一天，我會永遠記得這一天喜悅和幸福的心情！

媽媽……隨手記

這是我和女兒一起記錄的第一篇日記，由她說，我記錄，為了保留她自己的文字風格，我讓女孩描述當天發生的事情經過，由我幫她再整理。

但是寫完第一段「全家出發嘍」之後，我們就卡關了，因為所有事件脈絡都是凌亂的，女孩有太多的話想要說。她說：「我們一路開車，路上還跟妹妹一起玩遊戲，可是後來我們睡著了，醒來的時候已經來到了山上。」然後又搖頭調整，「不對不對，我們還要跟叔叔阿姨會合，媽媽，妳還下車買了午餐，我們中午吃火鍋，對不對？」

「那些都是露營前的準備，不用全部寫進去，但是要把跟『露營』主題相關的內容記下來，妳可以寫我們坐著爸爸的車子……」

「對！爸爸開車帶著我們！」

「妳覺得爸爸開車是怎樣的？」我問女孩。

女孩比了一個帥氣的動作。「我覺得很帥呀！坐爸爸的車讓我覺得很安全，所以我和妹妹都睡著了。」

「如果讓妳想一個形容詞呢？」
「技術高明的爸爸！」
「是什麼技術高明呢？妳要寫得更詳細一點，這個高明的爸爸讓妳們怎樣？」
「開車技術高明的爸爸讓我們很安心，一路上我和妹妹都睡得很香甜。」
於是我們剛才還卡關的開頭問題迎刃而解了。
在女孩整理事件的過程中，我不斷地問她：「那天的天氣是怎樣的呢？山是什麼顏色？……」
而在幫忙記錄的同時，我也學習到很多。孩子的形容詞比我想的更豐富，她跳脫了我們一般對於白雲的形容，白雲在我們的腦海中都是像棉花糖，但是女孩卻說：「白雲像鬆軟的泡沫。」
喜歡畫畫的女孩曾經為了畫山而困惑，她不知道什麼是漸層，我就帶她到大自然中看山。當她看到由遠至近的山，因視野變化而產生深淺不一的顏色，回來後就用色鉛筆畫了山中的風景，而在記錄初次露營的日記中，她也提到了那次不同的體驗：「山上的風景很美，因為距離的關係而產生了漸層。」
「姐姐，山上的風景很美，可是要怎麼用一句話把妳的『漸層』寫得更清楚？一定還有更好的句子吧！」

「山上的風景很美，距離讓那些山看起來有了漸層的美。」女孩又說。

「前一句已經有了美，這裡再寫就會有點多餘，同樣的意思能不能再換一句呢？我們再想想好不好？」我鼓勵她。

女孩想了良久，她不斷地將詞句組合，感覺念起來不通順時，連她自己都會搖頭。她最終說道：「媽媽，我想到了！『山是一層一層的，而且顏色的深淺都不同，那是因為距離而產生了層次』……」

「妳覺得『而且』會不會顯得多餘呢？」

女孩搖搖頭，「不會呀，那是我在解釋山有層次的目的，『而且』就是為了解釋它們而存在的。」

陪伴孩子寫作，有時我們會覺得有些詞彙是多餘的，但是聽了孩子的解釋之後，不管他們說得是否有理，我都覺得應該尊重他們，讓他們練習對文字的敏感度及興趣，遠比此刻嚴格糾正她並且刪除她的詞彙更加有意義。

我和女兒的第一次寫作完成了，在記錄的過程中，我為女孩對事物的形容——白雲像「鬆軟的泡沫」、蚱蜢的叫聲像「山中天然的音樂播放機」……驚歎不已。這些生動又活潑的形容方式讓我知道，培養孩子多觀察、想像，透過他們的眼睛和耳朵，我們可以重新看到如童話般的美麗世界。

從事件中挑選主角——〈抓蚱蜢〉

週六吃過早餐後，大女兒一臉神秘地看著我問：「媽媽，今天的日記我們要以什麼為主題呀？」

原來又到了我們共同寫日記的日子。

「姐姐，我們上次已經聊過什麼是『主題』，我還是把決定權交給妳，妳想想我們寫什麼主題，好不好？」我把問題又回給女孩。

女兒陷入沉思。

「妳最近有沒有發生什麼特別的事情？或是有什麼事讓妳印象深刻，至今想起來都還歷歷在目？」

「當然是跟外公的相處呀！」女孩說著，眼睛亮了起來。

女兒和我父親感情極好，於是我順勢鼓勵她：「那要不要把妳跟外公相處的點滴寫下來。」

「不要！」女孩搖了搖頭。

我納悶了。

「我跟外公相處的時間很寶貴，很多事情一直都在我的腦子裡，我想等有一天，我可以自己寫日記了，我要自己寫我跟外公相處的所有事情。」女孩說道。

聽了女兒的話，我的感性指數瞬間被充值到了滿分，我摟著女孩的肩膀說：「好棒喔，如果外公知道，一定會非常高興，我和外公都在等著妳自己寫日記的這一天！」

女孩點點頭又說：「媽媽，我還想寫露營的事情，可以嗎？」

一本書，我們在不同的年齡、不同的時間段看，所感受及領悟到的情節是不同的；一場旅行對我們的意義，在每一秒也會有不同的感受，我們會因一首音樂想起旅行中的風景，會因為一朵浮雲聯想旅行當天的陽光，孩子願意從同一事件中再去挖掘更深的主題，又有何不可呢？

「露營時發生那麼多事情，哪一件事情最讓妳難忘？」

「抓蚱蜢！」

「好，我們今天的主題，就寫抓蚱蜢！」

「可是……」女孩的眼睛瞇成了一條線，她把稿紙輕輕地推到我的面前，「還是像上次一樣，我們一起想，可是妳幫我寫，可以嗎？」

我點點頭，再一次將稿紙挪到面前，女孩說、我記錄的日記開始了，而屬於女孩與蚱蜢的親密接觸，又有什麼樣新鮮詞彙正等待著我呢？我很期待！

〈抓蚱蜢〉

露營初體驗雖然已經結束了，但美好的記憶卻一次次地將我帶回高山地區，我非常想將特別的記憶記錄下來，跟我最親愛的朋友和家人分享，而這次記錄的是我最難忘的事——抓蚱蜢。

其實發現這些山中精靈，是我在幫忙搭完帳篷之後。在我休息的空檔中，我的眼睛一刻不停地觀察著山中的每一個景色，突然，我看到了一隻大蚱蜢，牠活潑地跳躍在帳篷和草地間，是個非常強壯的運動健將！

我趴在柔軟的草地上仔細地觀察牠，牠後腳的背面呈現紅色，身體則是褐色，牠的腳非常有力，跳躍時會將身體所有的力氣都集中在後腳。準備起跳時，牠奮力抬起強壯的後腳，用力往前一躍，整個身體像飛躍的一條弧線，很像海中的飛魚，讓我覺得很驚訝，我決定抓蚱蜢！

當我發現蚱蜢時，我放低身體，趴在草地上，慢慢地接近牠。我伸出雙手，從蚱蜢的周圍慢慢地將雙手靠攏，以光的速度將蚱蜢抓進我的掌心！

「耶！我抓到蚱蜢了！」我開心地告訴所有人，阿姨貼心地幫我準備了一個塑膠容器，讓我可以把抓來的蚱蜢放進去。

我的抓蚱蜢旅程並沒有就此結束喔，我還要抓更多的蚱蜢，這時，頑皮的妹妹也加入了，我們一起分工合作，我負責抓蚱蜢，妹妹則幫忙打開塑膠容器，就這樣，我們一共抓了三十二隻蚱蜢。

我們抓的每一隻蚱蜢都不一樣喔，牠們的後腳有紅色和黃色，身體的顏色也不同，有的是褐色，有的則是黃褐色。這些山中小精靈陪伴我和妹妹度過了非常快樂的時光，但牠們是屬於大自然的，牠們有自己的朋友與家人，媽媽告訴我：「可以跟牠們玩，但是要記得將牠們放回大自然，不要因此打擾和破壞了牠們原有的生活。」

我依依不捨地與蚱蜢告別，看著牠們從容器中跳出來，回到大自然，牠們的心情一定很快樂。

我想真心地跟那些蚱蜢說：「謝謝你們，讓我的露營生活變得這麼有趣，祝福你們永遠都可以自由呼吸山中的空氣，希望我們有機會再見！」

媽媽隨手記

露營當天，女兒幫爸爸一起搭帳篷，我則跟好友負責準備午餐。女孩搭完帳篷在草地上趴很久，期間我有好幾次抬頭看她，都見她聚精會神地盯著草地，露出微笑，哪裡知道她是在觀察蚱蜢呢！直到她抓到了第一隻蚱蜢，興奮地跟我們介紹山中精靈時，我才恍然大悟。

陪女孩記錄這一篇日記，我們從清晨一直聊到接近午餐，但是我未曾參與抓蚱蜢的過程，需要一點一點地引導她回憶當天狀況。

寫作前，我們一樣在開頭遲疑了一段時間，女孩參考上次露營的寫作方法，描述當天的天氣，引用「**天空的白雲像鬆軟的泡沫，天空藍藍的……**」為開頭，這樣的開場雖然很棒，但是我希望女孩每次寫作能跟不同的文字做朋友，鼓勵她勇敢嘗試說出其他的句子，但是她一直在描述天氣。

「姐姐，為什麼妳會想把抓蚱蜢當作一篇日記的主題來寫呢？」我輕握著女孩的手問她。

「我覺得這件事情很有趣、很美好，用文字記錄下來，就像把記憶珍藏起來，一定是一件很有意義的事情。」

「這是讓妳最難忘又最快樂的體驗，是妳親自經歷的，從這點出發來整理，遠比去描寫當天的天氣更有意義，妳覺得呢？」

「可是上一次妳讓我描寫天氣呀！開頭描寫天氣不是很好嗎？」女孩說道。

聽她這麼說，我猜到女兒的心思，她不願意放棄自己苦思冥想的開頭。我覺得這時候跟她說再多道理也是徒勞，於是我把她描述天氣的句子寫出來，說：

「姐姐，妳喜歡畫畫，有些顏色是固定的，像彩虹的顏色就是紅橙黃綠藍靛紫，但寫作不是畫彩虹，它沒有固定的開場，沒有固定的格式，只要跟主題切合，妳可以寫出不同的內容。妳畫的太陽臉龐可以是直線，可以是曲線，妳還可以塗上漸層的黃色，那是太陽發出的光暈，寫作的開頭也是一樣喔，現在妳寫了第一個，我們再嘗試寫另一個開頭好不好？」

女孩看我已經把她的第一段完成，便不再抗拒我的建議，她說道：「我把抓蚱蜢這件事情寫下來，是希望妳可以幫我發給外公看。那天我們去山上露營，我兩天沒有跟他聯絡，我很想跟他分享我在山上的美好記憶。」

「哇！真的好棒喔，外公看到一定會非常高興！我們就以『分享』為出發點，寫出妳想跟家人分享的心情，好不好？」

然後我們在紙上寫下：「**露營初體驗雖然已經結束了，但美好的記憶卻一次次地將我帶回高山地區，我非常想將特別的記憶記錄下來，跟我最親愛的朋友和家人分享，而這次記錄的是我最難忘的事——抓蚱蜢。**」寫完之後，我把兩段話遞給女孩看。

「姐姐，這兩段都是妳自己說出來的，妳覺得用哪一段比較好？」

女孩看完吐了吐舌頭，笑說：「我覺得第二段的開頭寫得更好耶！」

「永遠都不要怕修改，親愛的，妳要記住，第二稿永遠比第一稿好！」說完我在第二段的句子前面打勾，「好！我們就選定它為開場嘍，向第二段出發！」

或許是受到我情緒的影響，剛才還糾結取捨的女孩頓時笑了，我們的抓蚱蜢之旅也愉快地展開啦！

在女兒口述的過程中，我鼓勵她多描述觀察蚱蜢跳躍時的形態、牠們身上的顏色，以及為何會吸引她的目光。女孩不僅跟我分享了這些內容，還開心地跟我說她是如何弓著身體，雙手慢慢圈住蚱蜢，迅雷不及掩耳地抓住這山中精靈。

這些由她敘述的語言，以文字形式呈現在紙稿的同時，也因為她活潑的形容，我的眼前展開了兩個女孩趴在草地上，手裡拿著容器，小心翼翼地靠近蚱蜢，最終撲向牠的生動畫面。

最讓我感動的是，女孩記得我跟她說過的話，可以和山中的動物與昆蟲成為朋友，卻不要因為我們的到來，而打擾到牠們的生活。女孩們依依不捨地和蚱蜢告別，除此之外，也為這些山中精靈送上了最誠摯的祝福。

父母與孩子是互相影響的鏡子，家長的一言一行，孩子們必然全都看透深記。而我也深深感謝那些山中精靈們，感謝你們讓我親愛的女孩們在露營初體驗時收穫到如此多的快樂，這些美好的記憶，我也會永遠珍藏著。

女兒說，媽媽寫

鼓勵孩子多多觀察——〈我們家的新成員〉

小時候我生長在農村，家中有寬闊的庭院，門前道路鮮有車輛經過。我的父親喜歡狗，在我很小的時候，他曾經養了一隻狼狗，取名叫旺旺，那隻狼狗陪伴我們姐弟三人度過了快樂的童年時光，我們與狼狗建立了深厚的家人情誼，直到牠經歷生老病死離開我們。

幼小的我不懂悲傷為何物，但偶爾會看著空空的狗鏈發呆，覺得心裡也空空的，想念旺旺時還會不自覺地流眼淚；長大後，我收留過一隻流浪狗，那是我青春期最落魄的時光，我在兵荒馬亂的愛情裡撞得頭破血流。失魂落魄的我，結束了在異域的漂泊，重回母親身邊。

✦母親，與家中「新成員」

回家，帶著我收留的那隻流浪狗，有母親陪伴著我，那段日子，有愛、有家、有忠誠的小狗，我回歸了最無憂的年華。當時母親接受那隻狗，把牠視為家庭的一分子，煮菜時都會想等一下狗可以吃什麼。

她說：「這不只是一隻狗，牠是陪伴妳孤單日子的朋友呀。」

我的眼淚掉了下來，我知道，母親接受的不只是一隻流浪狗，還接受了傷痕累累的女兒，為她照亮回家的路，這是給予漂泊在外的女兒最濃烈的愛。

當我自己成為母親，生育兩個女兒之後，我才知道，照顧孩子之餘，花心思餵養家庭中另一位「新成員」，對母親來說是多麼大的負擔。每天恨不得將二十四小時分裂成四十八小時的我，面對女兒撒嬌說：「媽媽，我們養隻小狗吧？」我都會搖頭拒絕。「寶貝，媽媽真的累了，沒有那麼多的精力和時間養小狗。」

懂事的女孩們體貼我的辛勞，知道這個話題無法再繼續，就會乖巧地止住，直到有一次，我陪她們看了一本繪本，書中男孩常被同學欺負，孤單的他看到一隻流浪狗，他盡心想要保護牠，可是流浪狗最終仍難逃被撲殺的命運，男孩再也無法與心愛的狗狗相遇，他望著孤單的籬笆發呆，等待心愛的狗狗再次出現……

閱讀這個故事時，是夏日的午後，炙熱的陽光照射在房間地板上，我的內心卻與天氣有著截然不同的溫度，我想起了兒時家裡的旺旺，以及陪伴我走過落魄時光的那隻流浪狗，心裡暗暗承諾——如果下一次，女孩們提出希望家中添加一個新成員，我一定不會再拒絕她們。

✦小女孩，與她們的「家庭成員」

不久後，住家樓下販賣飾品的店鋪突然開始販售倉鼠，平日鮮少踏進店鋪的女孩們眼睛閃閃發亮，跟我說：「媽媽，拜託，買一隻倉鼠吧。」

縱然我明白市場的生態鏈，沒有購買就不會有如此多的繁衍及販售，但面對女孩們期盼的目光，我還是不忍拒絕。我沒有過剩的精力與時間照顧一隻狗，但是一個新生命的加入，會給原本一成不變的生活增添不同的色彩和愛，我的心開始動搖了。但在此之前，我還是有話要對女孩們說。

我招呼女孩們坐下，和她們談生命的價值與意義。我告訴她們，照顧一個生命，不管這個生命是孩子，或是一隻小小的倉鼠，照顧者都必須無條件投注自己的愛心。倉鼠是給她們人生的第一個功課，學會對自己決定的事負責，更要對生命負責。在我們達成協議之後，女孩們迫不及待地衝進飾品店，挑選她們人生中第一位「家庭成員」。

女孩們挑的倉鼠種類是銀狐，一人一隻，小傢伙的模樣呆萌可愛，讓小女孩瞬間愛心爆棚。她們將兩隻銀狐視為家人，為牠們取了名字：「毛球」和「萌萌」，手巧的姐姐還用紙巾捲筒為兩位新成員建造通道，用扮家家酒的小道具，為牠們製作放置食物的提籃。女孩們每天早上會跟銀狐道早安，睡前向牠們說晚安，親密互動的畫面，每每讓我看了都覺得很溫暖。

當大女兒決定以兩隻銀狐為主角，記錄牠們生活點滴的時候，我知道，這次不需要我過多的提示，女孩也可以將牠們描寫得栩栩如生，因為朝夕相伴的瞭解與觀察，足以讓女孩好好構寫這個題材。

這一次，依舊是我執筆擬寫草稿，但我鮮少提示她，所有的形容皆來自女孩對於自己家中新成員的觀察，不知不覺中，我們的稿紙寫得密密麻麻，但女孩仍意猶未盡，她不斷重複著：「媽媽！還有還有！等一下！」

看著女兒眼裡閃爍著愛的光芒，我想，不管是女孩們，或是毛球及萌萌，她們都是幸運的，她們遇見了生命中彼此珍貴的人（物），唯有珍貴，才能夠將細枝末節觀察仔細，並巧妙地化成筆尖的甜，與生活一起釀成了蜜。

我很高興，為你們的任何一位。

歡迎你們，
來到我們家
謝謝你，成為
我的家人。

〈我們家的新成員〉

我們家的新成員不是剛出生的小嬰兒喔，牠們是兩隻小銀狐。銀狐不是狐狸，而是三線類倉鼠，牠們的身體是白色的，背上有一條淺灰色的線，當牠們蜷起身體時，很像香草口味的霜淇淋，其實牠們的身體是非常柔軟的，像一團軟軟的棉花，牠們的腳軟軟的，摸起來很舒服。

新成員分別由我跟妹妹負責照顧，我的銀狐叫毛球，妹妹的叫萌萌，兩個名字聽起來都非常符合牠們的個性。牠們很聰明，都有一雙亮晶晶的眼睛，像充滿魔法的水晶球，牠們似乎可以讀懂我和妹妹的想法，當我們將手向牠們伸過去時，活潑的毛球和萌萌就會迫不及待地爬進我們的手心。

先來介紹毛球吧，牠很貪吃，每次都把食物藏進嘴巴裡，把雙頰塞得滿滿的，腮幫子鼓起來的樣子可愛極了。照道理吃飽了就應該要好好休息呀，可是調皮的毛球卻一刻也停不下來，牠爬上滾輪不停地轉動來吸引我的注意，當我把牠從籠子裡放出來，雙頰還塞滿食物的毛球，就會不斷地將多餘的食物像子彈一樣射出來，看起來真的很有趣。

而妹妹的萌萌呢，牠是一隻特別機靈的銀狐，任何風吹草動都逃不過牠靈敏的耳朵。當我輕輕靠近籠子，牠就會立刻睜開眼睛張得大大的，豎起牠的小耳朵，翹起牠的鼻子，連鬍鬚也跟著不停地抖動，牠看著我，似乎在讀我的心思，跟調皮的妹妹真的很像呢。

我跟妹妹會帶著毛球和萌萌玩很多遊戲，我們用積木組成複雜的迷宮，試探牠們能不能找到出路，但是每一次都被聰明的牠們闖關成功！我們還會用積木幫牠們拼高高的房子，牠們居然可以爬出兩層高的積木，身手是不是很靈敏呢！

除了陪牠們玩，照顧牠們也是我和妹妹的責任，我們會幫牠們換木屑，每天餵牠們食物和水，牠們最愛的食物是葵瓜子，牠們會用兩隻前腳抱住瓜子，身體站立起來後，用牙齒咬掉瓜子的殼，開心地享用美食大餐。

倉鼠的壽命約一年半至三年，我希望毛球和萌萌可以健康快樂，一直陪伴著我們，我跟妹妹都會好好照顧家庭中的新成員，祝牠們可以活潑快樂地長大。

媽媽……隨手記

寫作前，女孩跟家庭的新成員每天朝夕相伴，我鼓勵她多觀察銀狐的習性以及牠們各自的性格。為了真實記錄牠們可愛的樣子，女孩每天都會趴在籠子前面觀察，陪牠們互動，做各種遊戲，由於觀察得很仔細，女孩在寫作的時候充滿了自信，她在介紹兩隻銀狐時，還會不斷模仿牠們的動作，把銀狐的可愛特徵全都用文字記錄下來，這是一篇充滿愛與感動的文字。

而愛與感動的建立，就藏在日常生活的點滴裡。

銀狐的壽命約一至三年，這是我將牠們帶回家之前未曾料想過最現實的問題，三個月後，毛球因身體不適而離開了。我曾經與女孩們討論過生死的問題，卻在這一刻，選擇對她們隱瞞了這個殘忍的事實。

面對心思柔軟細膩的女孩們，我無法說出毛球離開的真相，只告訴她們：「毛球對外面的世界充滿了好奇，牠想去外面看一看，我們為可愛的毛球祝福吧，祝福牠旅行順利。」姐妹倆都難過得哭了，但姐姐還是給毛球寫了一封信，祝福牠在外面遇見更好的人，看到更美麗的風景。

而那隻會讀心術的萌萌，已經陪伴我們一年半之久，我們親密無間，每天出門前與牠道別，回家第一句話就是：「萌萌我回來了！」而這句話，也成為家中成員每天都一定要說的話。女孩們一起照顧萌萌，最近對針線活感興趣的姐姐，得空就為萌萌製作各種枕頭和被子。每逢下雨天或氣溫驟降時，兩個女孩總是會掛念那隻「離家出走」的毛球近況如何？親愛的毛球，我們永遠的家人，我們從未因你離開而忘記你，我相信，這是你在塵世間的一次旅行，現在的你，也許早已開啟另一個時空的旅程。有一天，等我的女孩再大一點，等我有足夠的勇氣談論生死，我相信，那時候我們再聊起你，一定不是只有淚水；我相信，我們的淚水中，還有對你濃烈的思念和無盡的祝福。

寫完這篇不久後，萌萌在某個清晨也離開了我們，先生將牠的籠子清理乾淨，並安慰我說：「萌萌太老了，時間也差不多了，不要難過，給牠更多的祝福。」先生的這席話讓我很感動，當女孩們問及「萌萌去哪裡了」時，我沒有再逃避，而是拉著她們的手坐下來，和她們聊了生命的始與終。

親愛的毛球，親愛的萌萌，謝謝你們陪伴我們那麼長的時光，當我看著女孩們望向那個空籠子時眼中流露的悵然，與兒時的我如此相像，那時候的我無人可以擁抱，但那一刻我讀懂了女孩們心底的悲傷，我對著她們張開雙臂，女孩們哭著投向了我的懷抱，我安撫她們悲痛的情緒，教她們如何釋放悲痛。

親愛的毛球，親愛的萌萌，你們讓女孩們學習了照顧生命的本領，讓她們懂得珍惜生命的意義，你們在我們的生命中留下了溫暖的愛的印記，我們永遠都不會忘記。

親愛的毛球，親愛的萌萌，我們家最可愛的成員，我們會永遠珍藏與你們相處的點滴記憶，不管你們在世界的任何角落，我們會永遠心懷感激地給予你們最深的祝福。

女兒說，媽媽寫

不要輕視日常與孩子的微妙互動——〈環保愛地球〉

在《聽孩子說，勝過對孩子說》一書中，我寫了一篇〈我們都有影響力〉，記得在寫那篇稿子的時候，大女兒就坐在我身邊，我每敲出一行字，她就跟著閱讀一行，那時她還好奇地問我：「媽媽，什麼是影響力？」

我告訴女兒說：「我們以自己的力量去改變別人的生活，讓別人在不覺得煩惱的情況下，高興地接受我們的意見，並且一直以此為目標，這就是影響力。」

她又好奇地問：「媽媽，我有沒有這樣的力量影響妳呀？」

此時我的稿子剛寫了開頭，文章中記錄我如何讓自己先放下3C產品，從而改變孩子們對於3C遊戲產生的依賴及誘惑力，聽到女孩這樣問，我點點頭：「當然，妳們影響了我很多事情，讓我懂得怎麼瞭解妳們，學習怎麼做個不發脾氣的媽媽……」

女孩一聽來了興致：「還有呢！還有什麼其他特別的事情？」

我停下敲打鍵盤的手，看著女孩說：「姐姐，妳還記不記得，每一年冬天下雨，媽媽載妳們上學，都是大包小包，最害怕週五接妳們的時候下大雨，我要背兩個大袋子，分別裝妳跟妹妹的書包和餐袋。如果那週要洗睡袋，我還要分兩次去學校，第一次先把妳們接回來，第二次單獨去把書包和睡袋載回來。」

「我記得！媽媽，妳真是辛苦了！」女孩貼心地抱著我。

「我偶爾也會跟妳們抱怨，覺得天氣都不放晴，每天下雨真的很煩！可是那時候妳卻告訴我，要感謝老天爺賜給我們雨水，這樣水庫的水才能很快滿起來，我們才不會有缺水的困擾。」

但女孩已經不記得自己曾經說過這段話了。

「我有這麼說過嗎？」

我點頭。「有，受到妳的影響，從那時候起，媽媽不再用洗衣機洗衣服，家裡所有的衣服都是我手洗的。」

「我最喜歡媽媽洗的衣服，很香，有陽光的味道！」

「這就是妳們給我的影響力。」

「那……」女孩眼睛發亮地看著我問，「妳等一下可以寫我是怎麼影響妳的嗎？」

就這樣，我寫完了那篇〈我們都有影響力〉，女孩坐在我身邊，看著我如何在鍵盤上敲下一行字，又如何不斷修改文中的用字，等到全篇寫完，她還特別要求我把這篇文字列印給她，因為她想要好好閱讀一番，我哪裡會知道，女孩心底正盤算著她的下一篇日記主題呢。

✦主題與事件，就像麻糬和花生粉

到了週末，女孩又神秘地看著我說：「媽媽，今天妳不用幫我想主題，我已經想到要寫什麼了！」

看著女孩胸有成竹的樣子，我想，也該是女孩自己握筆練習寫作的時候了。

「那今天媽媽也不用負責寫草稿了，是不是？」我跟女孩說。

「可是我還是不太敢自己寫，我不知道要怎麼開頭。」女孩猶豫了片刻，還是希望我能幫她做整理、寫草稿。

女兒非常喜歡吃麻糬，尤其是沾滿了花生粉的麻糬，每次都能征服她挑剔的胃，我看著她說：「寫作的主題，就像是麻糬，花生粉就是跟主題相關的事件，只要妳不跑題，一心想著用麻糬緊緊地吸附住花生粉，而不是糖粉或是芝麻粉……」

對於我的解釋，女孩頻頻點頭，可是接下來她卻沒有進入寫作，而是在書櫃前查起她的萬用百科全書，只見她時而翻閱，時而陷入沉思，我也不著急，靜靜退離她全神貫注的世界，就讓她自己與寫作、與今天的主題相遇吧！

下午，女兒把她完成的草稿拿給我看，看了她寫的開頭，我終於瞭解女孩為何會在寫作前先在書櫃那邊翻查資料，而她寫的每一件事情，果真像是麻糬緊緊黏住花生粉，完全符合〈環保愛地球〉的主題。

更讓我動容的是，我偶爾跟她提及的名言「勿以善小而不為」，她竟然可以巧妙地轉化成——「面對環保，我們也要勿以『隨手』而不為。」

不要輕視我們日常與孩子們微妙的互動，這些互動會影響孩子的價值觀，而這些價值觀，從平常的生活語言轉換成文字之後，更加具有震撼力。

〈環保愛地球〉

地球是人類居住的地方，至今已經四十六億年，但是隨著全球暖化，地球生病發燒了，氣候變得不穩定，每年有很多的天災發生，像是暴風雪、龍捲風，台灣最常見的就是颱風，身為居住在地球上的成員，我們每個人都有責任——環保愛地球。

有一年的梅雨季，每天都下雨，媽媽送我和妹妹去學校，她都要把我跟妹妹的書包和餐袋放進大袋子，以免被雨水淋濕。媽媽向我抱怨說：「姐姐，每天下雨真的好煩喔，衣服都濕答答的。」我看著媽媽說：「媽媽，妳不可以這樣說喔，現在水庫正在缺水，老天爺下雨是在幫助我們。」我沒有想到，這句話居然影響了媽媽。

媽媽決定以後不用洗衣機洗衣服，全都用手洗，每當媽媽在洗衣服時，我和妹妹都會陪著媽媽聊天，我們會當媽媽的小幫手，把媽媽洗乾淨的衣服拿去烘乾，只需要一至兩分鐘，就可以讓衣服一滴水也擰不出來。

炎熱的夏天，把冷氣打開，坐在冰涼的房間是很享受的事情，但是這個行為卻會讓地球的溫度上升，對它造成很大的傷害，因此我們家決定關掉冷氣。去年一整年，我們家開冷氣的機會只有兩次，而今年，我們的冷氣卻一次也沒有開，你們一定覺得我們很熱吧？其實不會喔，心靜自然涼。

我們在日常生活中有很多事情都可以環保愛地球，像是把垃圾分類、電池回收、少浪費一張紙就可以少砍一棵樹、外出時可以搭乘大眾交通工具，我很喜歡坐公車和火車，不僅可以愛護地球，還可以欣賞沿途的美景，真是一舉兩得。

地球，是我們全人類的母親，它孕育了很多生命，給我們人類食物和水，老師和家長常教導我們「勿以善小而不為」，面對環保，我們也要「勿以『隨手』而不為」，熱愛它，更要保護它。

希望你的天空
沒有烏雲，
儘管我的天空
不是晴天。

媽媽……隨手記

女兒的這篇日記，我沒有修改任何一個字，並由衷感歎她獨自在書房就可以寫出如此長篇的文字。

事後我問她：「姐姐，妳怎麼會寫出那麼長的日記呀？」女孩卻說：「媽媽，妳的〈我們都有影響力〉寫的字數更多！我看著那篇文章覺得很感動。媽媽，謝謝妳記住我說過的每一句話，我自己都忘記我說過要感謝老天爺賜水給我們這樣的話了！」

或許正是因為彼此的感動，她的日記才能如此飛速地進步吧。

如何讓孩子們選擇最適合的主題呢？讓孩子從日常生活的細節中去尋找寫作的主題，真的是一件非常棒的事情，越是細節的感動，他們的情感越是豐富。

看著女兒這篇日記，看她寫出「勿以善小而不為，面對環保，我們也要勿以『隨手』而不為」，我內心不禁感慨萬千。在日常陪伴女孩的點滴裡，我一直以自己微小的影響力，讓她們意識到環保的問題，很多朋友得知我自己手洗衣物、夏天從不開冷氣，十有八九會表示不解，我常以小女兒說的一句話回應他們：「如果我們每個人都能多愛地球一點，它的感冒一定會早一點好。」

而女孩們，把我說的每一句話都聽進了耳朵裡，並深深地放進了心裡。我們生活在地球上，就要學習與生態和環境共處，讓孩子們環保愛地球，又何嘗不是讓她們學習與自己共處呢？在我看來，這不僅僅是一句話或一篇日記所構成的影響力，更是家長與孩子間親密相處所彼此產生的影響力。

我想起我跟女孩說的話：「我們以自己的力量去改正別人的生活，讓別人在不覺得煩惱的情況下，高興地接受我們的意見，並且一直以此為目標，這就是影響力。」

影響力是潛移默化而產生的，它看似不起眼，卻不要因此輕視了它——滴水成河，粒米成籮，我們每一次與孩子的微妙互動，都會在他們的世界中撞出最具意義的火花。

女兒說，媽媽寫

擁抱自然後的第一首童詩——〈榕樹〉

當初女孩不知道如何為榕樹造句，我帶她去公園近距離觀察榕樹，她為榕樹造了各種句子，並且透過她的觀察，寫下了「榕樹有粗壯的臂彎和濃濃密密的樹葉、樹的綠蔭會擋住火熱的陽光、樹葉在迎風起舞……」等豐富的詞句，在那之後的一次週末寫作時間，我鼓勵女孩：「姐姐，今天我們不寫日記，我們寫寫童詩吧。」

「童詩？那要怎麼寫？」

童詩要怎麼寫呢？我雖然沒有十足的把握，但是我知道，由孩子自身記錄的，不管是日記還是童詩，都應該用他們自己的文字，從他們的視角，以他們豐富的想像力去發揮專屬於他們獨特的文字，這應該就是童詩的意義所在了吧？

「還記得上次媽媽帶妳去看的榕樹嗎？我們今天就寫一篇以榕樹為主題的童詩好不好？」

女孩對於寫童詩充滿了期待，可是她不知道要如何下筆，因為這次要寫的是她非常陌生的童詩。

「媽媽，童詩的開頭要描寫天氣嗎？」

「也可以呀，只要跟榕樹相關的文字，我們都可以寫。」

「上次妳說寫作沒有固定格式，不需要像畫彩虹那樣，依次加入紅橙黃綠藍靛紫，那這一次我們要畫什麼？」

說到畫畫，女兒最有興趣了，我看著她問：「妳會畫榕樹吧？」

「公園裡的那棵大榕樹嗎？」女孩說著，已經饒有興致地攤開畫紙。

✦以畫筆和色彩喚回孩子記憶中的榕樹

在她的筆下，榕樹有著交錯生長的根部，它們奮力地扎進泥土裡，樹幹朝向天空伸展，長出了茂盛的枝葉。她還用不同顏色的畫筆畫出榕樹的漸層……

當女孩畫完後，我再次提示她：

「那天我們一起去看榕樹，妳聽到了什麼，看到了什麼？」

「我聽到了小鳥叫的聲音，風吹著樹葉的聲音，還看到有很多小孩子圍著榕樹奔跑……」女孩滔滔不絕地描繪她所看到的、聽到的，而我的筆尖，就跟著她所形容的，將她提到的關鍵字全都記錄下來。

然後我把寫著「吹拂、淅淅沙沙、最美的節奏、烤箱、粗壯有力的臂彎……」等詞的筆記攤在女孩面前，告訴她：「姐姐，這些詞全都是妳剛才提到的，它們就像是分散的拼圖，把這些詞拼在拼圖裡，如果有缺的，妳再換更棒的詞進去，這樣我們拼出來的就是榕樹的童詩了。」

「原來寫童詩就像玩拼圖！」

✦把榕樹當成活生生的人物來拼寫

就這樣，女孩開始用現有的詞彙拼起了拼圖，但是在「最美的節奏」前，她並沒有寫出是小鳥聽見的，她說那只是風吹拂著榕樹所發出的聲音。

「誰離榕樹最近，我們讓牠聽見榕樹的聲音好不好？」我問她。

「小鳥聽見了！」女孩提醒我，「媽媽，妳記不記得，上次我們去看榕樹的時候，榕樹上有很多的小鳥，牠們扇著翅膀，離榕樹最近。」

「小鳥聽到了風吹拂的聲音，然後呢？牠們的心情會怎樣？」

「小鳥停下來，然後跟著節奏一起又唱又跳！」女孩說完，情不自禁地站起來搖擺身體，「媽媽妳看，這樣跳起來是不是跟小鳥很像？老師教過我們，可以用『擬人法』來描寫動物或植物！」

擬人法！

我的眼睛突然一亮，它對於我們寫這首童詩真是太貼切了！有了它，榕樹不再是一棵站立的榕樹，我們可以把榕樹當作人物來寫呀！由孩子的語言創造出來的擬人法童詩一定會非常有趣！

在跟女孩玩「童詩拼圖」的過程中，我們快速寫完了第一段。和寫日記不同的是，童詩的篇幅非常少，女孩的興致更加高昂，她握緊筆神情雀躍地說：「來吧媽媽！我們往第二段出發！」

我和女孩第一次嘗試寫的童詩完成了！這次的陪伴經驗讓我獲益匪淺，原來陪伴孩子寫作還可以玩出不同的新花樣，將關鍵字以拼圖的方式填進句子，構成完整的一首童詩，這樣的方式新鮮又有趣，也讓我們的寫作旅程又往前邁進了一大步。

女孩說，榕樹是她學習的榜樣。

而我知道，女兒身上很多獨有的特質，亦是促進我們母女情深和共同進步的力量。

〈**榕樹**〉

榕樹啊
風吹拂著您的葉子
發出淅淅沙沙的聲音
小鳥聽見了
這是牠們聽到最美的節奏
忍不住停下來
跟著節奏一起唱唱跳跳

榕樹啊
夏天像一個烤箱
孩子的臉被烤得紅通通
您張開粗壯有力的臂膀
擋住了火熱的太陽
為孩子們帶來了一片陰涼
孩子們圍著您歡呼

榕樹啊
您的鬍鬚長長的
像一位老爺爺
您一定經過了很多風吹雨打
才有了今天的慈祥
您的大方善良
是我學習的榜樣

媽媽……隨手記

陪伴孩子寫作，耐心是必備的硬體，而情緒則是必備的軟體，快樂的情緒可以感染孩子，帶給他們更多的自信，讓他們不懼怕繼續想像的勇氣。寫這首童詩時，我發現女孩坐在椅子上的神情特別穩，不像最初寫作會露出焦慮的神色。

寫到「夏天是一個烤箱」時，我為女孩拍手鼓掌：「哇，妳好棒，接下來呢？還有什麼感受？」

「孩子的臉被烤得紅通通。」女孩自信地寫下。

「榕樹做了什麼動作？」我又丟出一個提示。

「他張開了粗壯有力的臂膀！」

女孩的手臂張開著，她開心地演了起來，「孩子們，快投進我的懷抱吧，我要為你們擋住太陽！」

榕樹是安靜的，它沉靜地站立在那裡，但是在孩子充滿童趣的世界裡，榕樹搖身變成了活潑熱情的老爺爺，它散發出的生命力，讓我也不禁沉浸其中，希望自己變成一個孩子，投入榕樹張開手臂的懷抱，享受這餘味無窮的童真與歡樂。

考得太好，也不是一件好事——〈考試前的準備〉

每到考試前，家長可說是焦頭爛額，陪著孩子日夜點燈熬夜，明明可以輕鬆應對的考試，家長和孩子卻如臨大敵，友人曾經氣急敗壞地發朋友圈：「小子今天考砸了，晚上決定不讓他吃飯！」

我特別留言安慰她。

「飯雖然還是要給他吃，但心裡那口怨氣就是理不順，為了他考試，我熬了好幾夜都沒好好休息。」朋友回覆我。

我勸朋友不用太在意考試的分數。

「妳家女兒自然是不用太在意結果，因為她們每次考試成績都非常好。」朋友這麼回我，然後又問一句：

「妳一直都不在意她們考試的結果嗎？」

✦看重孩子？還是成績單數字？

回想大女兒剛成為小一新鮮人時，我也曾在意她的考試成績，每次她考試結束後，我比她還緊張，卻總是故作淡定問：「今天考得還好嗎？」企圖從女孩嘴裡盡快得到我想要的「滿意答案」。

她考得好，我開心；她考得不好，我失落，兩種截然不同的情緒反差，像暴風雨一樣迅速，惹得女孩的情緒也是時而高興，時而難過。後來我幾乎不用開口發問，靠著敏銳的直覺，我就可以輕易覺察出，考試結束後，女孩對我是親近還是抗拒，前者是考得不賴，後者則是考得極不理想。我靜思過——我愛的究竟是女孩，還是她讓我「引以為傲」的成績？

我試著站在女兒的角度，看著她被一堆功課包圍，看著她對陌生的詞句微微皺起的眉，看著她不忍我辛苦而沒有向我求助……我想起自己年少時的那段無憂時光，逝去的光陰，一去不回頭，與其把所有的情緒都放在「結果」上，不如陪伴孩子在過程中享受輕鬆與快樂。

不管是應對生活亦或學業，我都應該給我的女孩這樣的生活態度，是不是？

於是，我決定這樣做。

每次去接女孩放學，十分鐘的路程讓我們的聊天毫無障礙。

我們彼此暢談，我分享我一天的工作狀態，女孩們告訴我她們學習的新知識。姐妹倆會背九九乘法口訣，我在陪她們複習時會故意背錯，女孩們會糾正我，告訴我正確的答案，我也以此探清她們對於口訣的熟練度。

我們用新學的生詞玩詞語接龍，妹妹有次學了「量」，她說這個字造詞很簡單，有力量、重量，可是要玩接龍時，她就覺得不知道怎麼玩。我跟姐姐就教她兩種發音的接龍——度量、容量，也可以是量杯、量筒。

有一次女孩們朗誦剛學的詩歌課文〈花開的聲音〉（馮輝岳／作）：「小鳥唱歌真好聽，樹葉說話細又輕，蝴蝶姐姐，請問你：『花開怎麼沒聲音？』蝴蝶姐姐笑一笑：『花開的聲音小小小，只有我和蜜蜂聽得到。』」我問女孩們，這首詩押了幾個韻呀？分別押了哪幾個音的韻？女孩們一一回答後，我們一起用創意讓這首〈花開的聲音〉換了全新的樣貌：「花兒露出了臉龐，看到蝴蝶的翅膀，花兒笑得咯咯響，像是咬碎的棒棒糖，蝴蝶拍起了巴掌……」

當我做出這些改變之後，我發現女孩不僅記憶力進步，詞彙更是長進不少。以前我一直擔憂女兒考試粗心，也慢慢得到了改善。而改善的最大主因，並非是我使用了何種方法，

而是我願意陪伴她們一起吸收每日所獲得的養分，日常所有的獲得已經吸收，對於期末考試，我們大可不必如臨大敵，臨時才來抱佛腳，是不是？

✦品格重於成績得分，和孩子一起努力！

我常感歎老師的情緒管理器很厲害，比起身為家長的我們，他們每天應對近三十位學生，且孩子們每天的狀態都不同，老師卻總能發現他們的獨特之處，鼓勵孩子發揮特長，所以除了日常的應對細節，我也常跟女孩說上課時必須要投入全身心，要能體諒老師們的辛勞，有同理心地回應老師，尊重老師。

從大女兒成為小一新鮮人，到今年她已經是四年級的學生了，她和妹妹都將「尊重老師」的信條謹記在心，這讓我感到格外欣慰。

我與女孩們共同建立尊師的好品格、陪她們以寓教於樂的方式吸收日常學習養分，更重要的是，我希望為孩子建立正確的價值觀，我們一起將視線從分數上轉移，我不再看重成績的得分，而是在過程中和女孩一起努力。全力以赴準備雖然未必會有完美的結果，但我相信，唯有過程與孩子們共同努力，最後的甘甜或苦辛都值得回味。

考砸了，做錯了，又有什麼關係呢？我們漫長的人生路，不也是一次次從錯誤中學習再糾正的嗎？
挫折可以趁早面對，
它將會是我們不完美人生
中最完美的禮物。

有愛就無礙
因為一起努力，我更加勇敢。

〈考試前的準備〉

光陰似箭，我進入三年級已經兩個月了，時間過得好快喔，彷彿才一眨眼的時間，就從炎熱的夏天跳到了微涼的秋天，而我即將期中考了！

考試的目的，不是為了得到一百分，而是為了檢驗我們平時有沒有認真上課，更考驗我們有沒有把老師教的內容記在腦海裡。為了這次的期中考，我已經準備好全力以赴！

老師陪我們複習，讓我們練習寫了很多的考卷，我寫到手都麻了，放學後還要在安親班繼續寫考卷。安親班的老師會幫我們檢查有沒有寫錯，如果寫錯了，老師就會叫我們訂正，訂正就是把錯的改成對的，就好像把壞的習慣改成好習慣。

每天除了星期三可以比較早回家，其他時間都要留到八點或八點半，這週末我跟妹妹都要去安親班加強，從早上八點到下午四點，可是我們吃到了爸爸親手準備的愛心便當，是蔬菜海鮮青醬麵，不僅有花椰菜、茭白筍，還有鮮甜的蝦子，真是這一天的小確幸啊！

我希望在期中考的期間，可以認真專注地寫完每一題，就像老師每次上課認真教學一樣，不知各位同學是不是也準備好了？

陪伴女孩寫作之後，我跟她更是無所不談，她在學校發生的任何事情也都會願意跟我分享。

有一天睡覺前，姐姐突然跟我說：「媽媽，其實我覺得考試常常得第一名，或是考得太好，也不是一件好事。」

「為什麼妳會這麼說？」我摟著女孩問。

「最近我們班小考，我的分數沒有某某同學考得好，其他同學都很驚訝，他們覺得我不應該輸給他。」

「姐姐，媽媽並不這麼想，我們學習到的知識，是我們自己的，沒有任何的輸贏喔，模擬小考是為了鞏固我們剛學習的新知識，這些知識對於妳或某某同學，都是第一次接觸，他考得好，說明他理解了題目，但妳也不要因此覺得難過，我們寫錯了沒有關係，重要的是，我們要去改正。妳不是說過，寫錯的題目再訂正，就像是把壞的習慣變成好的習慣，是不是？」

女孩點點頭。

「只要我們有在過程中努力了就好，爸爸媽媽一點也不在意分數，我們希望妳快樂學習，而不是為了分數而學習。」

「媽媽，謝謝妳！」女孩再度抱了抱我，「晚安，媽媽，我愛妳。」

女兒上小學不過才四年光景，我的心態發生了大逆轉，而她的學習成績也從來不曾讓我憂心過，每一次，她都認真檢查考卷，每一次，我們都從錯誤中累積更多的經驗，而這些經驗，將會成為照亮我們人生路途的明燈。燈光在，我們從錯誤中學習正確方法的態度，就會在。

從未見過雪花，如何展開想像？

——〈雪花〉（第二首童詩）

自從寫了童詩後，女孩的詩興大發，一直很希望可以再寫一篇童詩，但是我幫女孩想了很多的主題，卻都無法引起她的興趣。

看著她一再搖頭，我說：「上次寫榕樹，我們近距離觀察它，還去橋上看它，榕樹的樣子像是一幅畫印在妳的腦海裡，這一次，我們不找生活中可以看到的，我們來寫妳從沒見過的，好不好？」

女孩聽完我的話，立刻燃起了興致，「媽媽，我都長這麼大了，有什麼是我從來沒見過的呢？」

「妳自己想一想，有沒有妳很期待看到，可是到現在還沒有看過的？」

女孩瞬間眼睛一亮。

「雪！我還從來沒有看過下雪！媽媽，妳一定看過雪吧？」

我看過雪。

兒時我居住在蘇北的某個小村莊，下雪的時候，全村的孩子全都聚集在一起，張大嘴巴任由雪花在我們的舌尖融化，我們的頭髮、雙肩落滿了雪花，雪越下越大，黃色的泥巴地、紅色的瓦牆、木製的籬笆……全都被白雪覆蓋。我們的雙頰凍得通紅，眼睛裡卻閃著獨特的光芒，摘下手套用手抓雪，一群孩子在雪地裡狂叫追逐，大人們從不掃興地催促我們回家，由著我們在雪地裡撒歡玩樂。

結束熱鬧的打雪仗，孩子們的臉依舊通紅，卻已經感覺不到寒意。熱出汗的劉海緊貼著額頭，我們脫掉身上的棉襖輕裝上陣，三兩小夥伴組成團隊，開始堆起雪人。起初還待在房間裡的大人也耐不住，紛紛跑來加入我們的隊伍。

童年時的落雪時間很長，雪也積得特別厚，雪人總是可以堆得很高，孩子和大人聯手發揮創意，麥杆、蘿蔔纓、地瓜，甚至是白菜葉，全都可以因巧思而成為點綴雪人的點睛之筆。

✦炊煙、羊肉湯，母親溫潤無聲的疼愛

傍晚時分，家家戶戶升起炊煙，孩子們紛紛穿上棉襖，跟雪人們一一告別，一群孩

子像是林間的鳥群，瞬間就散了。

我們家的冬天，常年生著爐火，傍晚母親在爐火上燉著羊肉湯，待全家人到齊，母親往羊肉湯裡加入大把的白菜和粉條，撒上胡椒粉和紅通通的辣椒，十分鐘內暖心暖胃的晚餐就上桌了，每人都手捧一碗羊肉湯，大口又滿足地喝了起來。

每次從雪地裡回家，母親都會要我們脫下鞋襪，然後抓起我們凍得冰冷的腳放在她腿上，還會在我們的腳上蓋一床毛毯，隨後又順手將我們被雪水浸濕的鞋襪圍著爐火擺放。房間裡的爐火發出劈啪的聲響，我的身體被母親捂得溫熱，閉上眼睛，都能聽到在自己內心流淌的幸福與快樂，隨著落下的雪花一起舞動的聲響。

這些記憶讓我覺得很溫暖。而在這串溫暖的記憶裡，雪花會讓原本單一的溫暖有了層次，心底的快樂、那一碗熱呼呼的辣味羊肉湯，以及母親溫潤無聲的疼愛，都如雪花般在記憶裡飄了起來。

長大後，我離開故鄉去了上海，濕冷的上海很難落下一場大雪，再沒有成群結隊的同伴跟我一起開懷大笑投入雪地中，再沒有裊裊炊煙升起等待我們歸家，再沒有像兒時那樣玩雪玩得那麼盡興了……

再後來，遇見了先生，嫁至台灣後，更是鮮少再看到雪，於是，雪花成了我魂牽夢縈的鄉愁。

此刻，女孩的聲音又在耳邊響起，將我飄遠的思緒拉了回來。

「媽媽，妳一定看過雪吧？」

我重重地點了點頭，心頭已經被溫暖的光點燃。

「當然！」

那個週末，我跟女孩們一次次聊起我的童年，跟她們分享我記憶中的每一場落雪，女兒的眼睛閃閃發亮，我們彷彿回到了平行的時空，幼年的我，現在的她，在一場落雪中，任漫天雪花在我們身邊飛舞。

而跟女孩分享了童年的雪花後，她拿起筆，在稿紙上寫下標題——〈雪花〉。

〈雪花〉

冬天了　下雪啦
滿天飛舞的雪花
像被風吹拂的蒲公英

麥子們看到雪花　笑了

麥子不用擔心自己感冒了
因為雪花是它們的棉被
它們可以溫暖地等到春天來臨

孩子們看到雪花　笑了
孩子們開心地在雪地裡奔跑
他們堆起高高的雪人
用果實當雪人的眼睛
用紅蘿蔔當它的鼻子
用茅根當它的嘴巴

孩子們期待聖誕老公公
駕著他的雪橇送禮物給大家
雪花聽到大家的笑聲　也笑了
它看見世界都很喜歡它
也跟著跳起舞來了

媽媽……隨手記

我跟女孩聊完雪之後，居然不自覺地哭了。

「媽媽，妳一定很愛雪吧！」女孩伸出她的手幫我擦掉淚水。

從來沒有看過雪的女孩，她覺得白雪飄揚的樣子像是隨風飛舞的蒲公英，至今還沒有看過麥子的女孩，透過我對故鄉點滴的描述，竟聯想雪花是麥子的棉被，讓它們溫暖地等到春天來臨。

我跟女孩聊到小時候跟小夥伴堆雪人，女孩便用她的想像力寫出我當年堆雪人的情景，只是她「用果實當雪人的眼睛」，因為她不知道用什麼充作雪人黑漆漆的眼睛可以更貼切，可是當寫到嘴巴的時候，她卻有了具體的實物，因為她覺得台灣盛產的茅根非常適合做雪人的嘴巴。

在女孩的筆下，雪地裡奔跑的孩童們是快樂的——「**孩子們看到雪花　笑了**」，而雪花也回應了孩子們——「**雪花聽到大家的笑聲　也笑了**」，我想起女孩幫我擦掉眼淚時對我說：「媽媽，我覺得妳的眼淚不是難過的眼淚，這是開心的眼淚。」

寫完這篇童詩約一年後，我帶女孩們回到我的故鄉，陪父母一起守歲過新年。攝氏零下九度的氣溫，迎接我們的是一場大雪，當時天色已黑，我跟女孩們還是雀躍地瘋狂大叫。我拿著碗出去為她們接雪，大雪落得太快，一會兒就將碗裝滿，我跟女孩們詩興大發，稱這是──銀碗裡盛雪。

「還記不記得妳寫過一首關於雪的詩呀？」我問女孩。

「孩子們看到雪花，笑了！我和媽媽看到雪花，也笑了！」女孩搖頭晃腦地念道。

窗外，雪花在路燈下飛舞，盛在碗裡的雪被女孩們堆成了小小的雪人，我想起女孩寫的童詩，不自覺地念了出來：「雪花聽到了大家的笑聲，也笑了，它看見世界都很喜歡它，也跟著跳起舞來了。」

一片片的雪花，不僅溫暖了我的記憶，更讓我和兩個女兒有了更多的回憶。此後，雪花不僅僅只代表了鄉愁吧，它還會帶著滿滿的溫暖和甜蜜的笑意，在通往詩的路上，在通往我們成為更好的自己的路上。

親愛的女孩，祝願我們心中的溫暖和夢想，都像面對雪那樣，始終充盈著發自肺腑的熱愛和激情，永不停歇；願我們心中的溫暖和夢想像雪花一樣，飄起來，笑起來。

媽媽女兒遊記大PK
——〈左岸淡水一日遊〉

女孩們的期中考終於告一段落，原本計畫要每週寫一篇日記，這禮拜我決定暫停一次，帶她們姊妹一起出遊，共享週末親子時光。儘管長時間相伴，但每每外出前，女孩們依舊難掩內心的興奮，或許是因為每次旅行我都沒有周詳計畫，說走就走，一切的驚喜都藏在未知裡。

臨睡前，我的旅遊行程還沒有排好，倒是一直沉默的先生給了我們驚喜，他提議要帶我們去淡水河岸。

十年前我剛來台灣沒多久，先生曾帶我去淡水看風景，那時候姐姐尚幼，妹妹還沒有來到我們的生命中。炎熱的夏天，走在淡水老街，我記憶中只對河岸邊一間咖啡館有些印象，當時我們在店內嘗了冰淇淋鬆餅即匆匆離去……記憶像是殘缺的拼圖，對於那年還走過哪些地方，我半點也想不起來。多年後的我心想，或許是因為沒有女孩們在耳邊嘰嘰喳喳，少了她們的歡聲笑語，才讓我的記憶留白吧。

再次踏上淡水，我想透過陪伴，跟我的女孩們一起走在淡水河岸，讓她們將我殘缺的記憶拼湊齊全。

沒想到先生竟在此次旅行中也暗藏了驚喜。

他先是帶我們到與淡水一河之隔的左岸，在享受左岸美景之後，又陪我們搭渡輪去了淡水。這一天的時光短暫美妙，充滿歡樂，大女兒在回家的路上開心地告訴我：

「媽媽，我要把今天發生的事情全都寫下來！妳要不要跟我一起寫？」

我以為女孩要我幫她寫草稿，於是欣然答應：

「好哇，我很高興可以陪妳一起寫。」說完還認真地拿了稿紙，等著她說我寫。

「媽媽，不是讓妳陪我寫草稿，我希望妳也寫一篇淡水一日遊！」女孩搖頭糾正。

有了孩子後，我總期盼她們趕快長大，跟她們一起游泳、一起打羽毛球、一起看電影、一起追星聽演唱會、一起守著天空的流星雨、一起去北極追極光……然而在我設想的那麼多場景中，竟從未想過有一天，可以跟她共同記錄我們看過的風景。

女孩此番提議，觸動了我內心感性的開關，陪伴孩子，以筆記錄我們相處的時刻，還有什麼比這更有意義的呢？

〈左岸淡水一日遊〉（媽媽篇）

我印象中的淡水，是非常適合拍瓊瑤愛情劇的場景，有情人橋、碼頭、河面波光粼粼，戀愛中的男女含情脈脈地對望，背景音樂響起，一場愛情大戲拉開序幕……

初次的淡水行，我記憶中僅存與女孩共享冰淇淋鬆餅的畫面，十年時光一晃而過，此番再次將淡水列入行程，我已經擁有一雙女兒，而這場說走就走的旅行，選在她們考試後的週末。

然而這次先生竟在安排行程時也暗藏驚喜，他帶我們來到與淡水一河之隔的左岸，左岸的風景純樸迷人，綠意盎然的草地上都是奔跑的孩童，女孩們品嘗著美味的霜淇淋，我們的耳朵被美妙的歌聲所吸引。

臨河的涼亭，唱歌的老先生聲音很有磁性，身邊兩位嫵媚的女人搖擺著身體，在旁頗有風情地伴舞，聆聽歌聲的觀眾三兩成群而坐，畫面讓人舒服愜意，我依著涼亭的柱子盤腿坐下，吃著霜淇淋的女孩們依偎在我兩側，先生默默地站在身邊，用他厚實的背為我們擋住大半陽光，陽光折射在我的腳踝處，此刻時光靜好，那是我認為最幸福的時光。

身邊有歌聲陽光伴隨，有愛人默默守護，有孩童在身邊撒嬌，甜蜜感像夏日融化的霜淇淋，一點一滴在舌尖自然融開。身為作家及編劇的我，愛情大戲或許應該有雷同的戲碼，但家庭互動的甜蜜，卻藏在這些不被輕易覺察的點滴時光裡，它雖微小卻匯聚愛的光芒，我閉上眼睛，把自己全身心地投入在這樣的愛與歌聲中。

女孩們享受完霜淇淋，我們在歌聲中走往左岸老街，台灣的每一條老街都有獨屬它們的靈魂之處，像我剛才聽到的老歌，有屬於它們自己的故事及文化底蘊。身處老街，我被美食所吸引，而女孩們則被充滿古早味的老店所召喚，她們看到琳琅滿目的糖果和從未見過的玩具時，尖叫連連，已經迫不及待地衝進去淘寶了。

平日裡寡言的先生竟也童心大發，女孩們在逛店的同時，他不斷向我介紹店內的古早玩具，以及他的童年時光。說來有趣，跟先生戀愛結婚至今，我們在一起相處，大多時間都是我在說話，他一直扮演聆聽者的角色，如今看他眉開眼笑地回想童年，我比照著我們童年時光相同的光影，發現彼此都是容易滿足的孩子，一如我們眼前的女孩們，她們低頭私語或相視而笑，都讓我感歎——純真真好。

女孩們過來拉我的手，讓我加入她們的糖果大戰中，我竟沒發覺先生悄悄退出了古早的玩具店，等我跟女孩們準備離開店時，先生一臉神秘地出現在我們身邊，他抬手揮動手裡的票問：「下一站，我們搭渡輪好不好？」

原來驚喜真的藏在未知的旅程中！

隨著渡輪的搖擺，我們來到了河的對岸——淡水。

我們依岸而行，發現河岸邊的沙灘圍滿了人潮，一個戴著鴨舌帽的瘦弱少年光著腳在沙灘上作畫，好奇的我們在河堤坐下，少年聽著搖滾樂，只見他在人潮中輕輕一瞥，隨即轉身開始作畫，畫筆在他手中宛若被賦予生命，時而在空中飛轉，時而落入少年的手中，他將各種顏色揮灑向畫板，腳步也隨著音樂聲舞動起來，不消片刻，一幅畫完成了！

大女兒問我：「媽媽，他畫的是什麼呀？」

小女兒也好奇：「為什麼我都看不清楚他畫什麼？」

正當我也產生疑惑之時，只見少年帥氣地將畫板騰空揮起，畫板在空中來了一個大翻轉，當它再次落回畫架時，少年走到河堤邊，他伸手邀請一位戴著眼鏡的女孩站起，當那個女孩站起時，現場的人全都發出驚呼，因為畫板上畫的正是眼前的女孩！

畫中女孩短髮飛揚，眼鏡下是清澈明亮的眼睛，她的唇微閉著，嘴角有淺淺的笑意，當女孩站到畫作前，相似度高達百分之九十五，但在少年作畫前，他僅在人群中看了一眼，此後就全程背對著人群作畫，這是何等的記憶力與功力啊！

女孩們給少年鼓掌，現場頓時掌聲連連，女兒拍得手心都紅了還不肯停歇，我相信，在看過少年作畫後，她們應該會懂得「努力」的意義吧。

努力行走的過程或許是寂寞的，但當我們獲得掌聲認可的這一刻，過去的辛勞點滴都化成我們生命中的養分，這些或寂寞或孤獨的養分，支撐著我們成長，被更多的人看見。

與你相伴而行的
是我想走的路，
相視而笑的瞬間
是我想留住的幸福。

快樂的時光總是過得很快，當我們漫步穿越老街重回到渡輪岸時，天色已經漸晚，一場日落迎接著我們，我跟女孩們商量：「可否陪媽媽看一場夕陽？」大女兒立刻張開手臂，她奔向岸邊，讓她的背影與這夕陽景色定格在我的相機裡。夕陽將天邊的雲朵染成各種顏色，一如今天的左岸與淡水，開場與落幕，被陽光、歌聲、舞蹈、畫筆及孩子們的笑聲渲染成各種顏色，這些顏色，應該是女孩的陪伴給予我的一道彩虹，它印在我生命的軌跡裡，散發著愛與溫暖的光芒。

〈左岸淡水一日遊〉（女兒篇）

期中考試終於結束了！我也可以好好放鬆了，最好的放鬆方法就是全家快樂出遊去，但是要去哪裡呢？我們全家絞盡腦汁，最後由帥氣英明的爸爸帶領我們出發，第一站就是左岸。

到了左岸，我們聽到了熟悉的叭叶叭叶聲，那是霜淇淋攤子的聲音呀！我和妹妹分別選了巧克力和鳳梨口味，當我們享用著美味的霜淇淋時，耳朵又被美妙的音樂聲吸引了，原來是一群老先生和阿姨在不遠處的涼亭唱歌跳舞，我們不由自主地走向他們，他們的歌聲很動人，我想，這應該也是他們放鬆的方式吧。

離開了涼亭，我們走進了左岸老街，突然，我眼前一亮，我看到了一間五〇年代的童玩店，我和妹妹跟爸爸媽媽商量，可不可以進去看一看？

我們在童玩店看到了很多古老的遊戲和商品，我和妹妹也很想嘗嘗那些古早味，離開童玩店的時候，我和妹妹買了很多零食以及一包DIY遊戲用具。

走出童玩店，接著爸爸想帶我們去淡水，原來他早有安排，買了船票要帶我們搭渡輪！走到渡船頭，排隊的人潮像一條大蜈蚣，我們跟著人潮慢慢地往前移動，這個過程很有趣喔，因為我們的眼睛一刻也不停地觀察著身邊每一個景色，我們看到了白鷺絲、小螃蟹，還有彈塗魚。

船長似乎聽到了我們等待的聲音，他終於來啦！搭船是一件很驚險的事情，很像坐海盜船，海浪把船搖啊搖，就把我們搖到了淡水。

淡水有很多街頭藝術家，我們看到的藝術家

非常厲害，他可以迅速地把一幅畫畫完，而且還是倒過來的畫像喔，他畫的人物，不管是明星還是現場的觀眾，都非常逼真，這或許就是「台上十分鐘，台下十年功」吧！我們很幸運，還看到了美麗的夕陽，太陽公公下山的時候，躺進了雲層裡，雲好像突然多了一層金光閃閃的防護罩，真的好美麗！而我們呢，也該跟著下山的太陽公公一起回家嘍！

媽媽……隨手記

看完女孩和我的遊記，我的內心很感慨。

我的文字感性抒情，太著墨於感情世界，倒是女孩的遊記讓我眼睛一亮，同樣都是記錄，她的文字中有著孩童的天真，以及她對旅程的期待。透過她的遊記，我將此次旅程再度遊走一回，我看到了很多自己忽略的景象，像是「排隊的人潮像一條大蜈蚣」，孩子們在等船時認真觀察「白鷺絲、小螃蟹，還有彈塗魚」，我的耳朵似乎又傳來女孩們的尖叫聲：「媽媽妳快看！彈塗魚耶！牠跳出來了！哇，白鷺鷥把彈塗魚吃掉了！小螃蟹，快躲起來！」

我看夕陽的時候，用相機記錄女孩的身影，我所記錄的是感受，而女孩真實地用筆記錄了她視野所及的一切，「**太陽公公下山的時候，躺進了雲層裡，雲好像突然多了一層金光閃閃的防護罩**」。

我看著女孩說：「姐姐，妳的遊記真的寫得好棒喔！比媽媽寫得好！」

女孩撒嬌地靠近我，「媽媽，我也很喜歡妳寫的，妳寫那個畫畫的哥哥時，那個帥氣甩畫的動作，好酷喔！就像藝術家一樣酷！我喜歡！」

嗯！我喜歡！

喜歡妳撒嬌地靠近我，喜歡妳記錄的一切，喜歡妳以自己的樣子成長，喜歡妳邀請我一起寫遊記。親愛的女孩，未來，希望我們大手牽小手，一起去旅行，走更多的路，看更多的風景，一起用筆記錄下所有的經歷，好不好？

以孩子自身體驗去記錄——〈運動會〉

除了陪伴孩子們閱讀寫作、野餐，我最愛的事情，應該就是陪她們一起運動吧！我的兩個女孩都屬於瘦小型，在班上永遠都是坐前兩排，為了她們的身高問題，我曾在暑假每天清晨都陪她們早起運動。大清早在公園運動的多半是老人家，我們的出現常常讓那些老人家驚呼，他們雖年邁卻健步如飛，小女兒有時候累得氣喘吁吁，反而身邊走過的阿公臉不紅氣不喘地給女孩加油打氣：

「好棒，加油，跑起來！」

只要是健走或爬山活動，我們總是在第一時間報名，女孩們也樂於跟大自然來一場親密接觸。

不管是閱讀寫作，或是運動，都可以讓孩子獨處，讓他們在安靜或行走的過程中遇見自我。

✦ 跑步運動，抓住繆思女神的路徑

女孩漸漸長大了，也愈發有自己的想法，學校三年級的社團活動，大女兒沒有選擇圍棋，也沒有選擇熱舞社，而是選擇跑步，每週三、五早上八點，參加跑步社的同學們都會在教練的帶領下進行熱身運動，我可以看到女孩身上的特質正悄悄地浮現——熱情與堅持。

大女兒的個性獨立安靜，面對陌生人常會有些害羞，但是當她開始跑步後，我可以明顯覺察出她與以往的不同。當我們再次去公園運動時，她會教我和妹妹做暖身操，她不再需要我提醒她喝水，她對所有的行程都有了自己的規劃與安排，而這些變化，與她進入跑步社有著密不可分的關係。

寫作的村上春樹，每天堅持跑步，他堅信身體是心靈的殿堂，保持殿堂的潔淨才能創作更多的作品；中國作家慶山（安妮寶貝）在寫作前堅持散步，那是她每天的功課；曾教過我的編劇前輩鼓勵我們多運動，他認為唯有照顧好自己的身心，我們的靈感才能源源不絕……

有一段時間，我陷入創作的低谷，也是靠著跑步及騎腳踏車才重新找回自我，我在跑步中迎來每一天的第一道朝陽，我在逆風中奮力踩著腳踏板騎行，人生所有阻礙逐漸被突破，視界也因此更開闊。

每個人都在尋找靈魂的出口，而運動，無疑是我和女孩找到的一個共同路徑。

✦堅持認真，發揮運動家的精神

女兒就讀班級的導師，除了是數學達人、圍棋高手，更熱愛運動，他鼓勵孩子們走出教室，多多運動，並且能看出每個孩子不同的運動特質，給予他們正確的引導。女孩對導師尊重且崇拜，當她知道學校即將舉辦運動會時，滿心期待自己可以成為班級大隊接力的一員。

而為了心中的這份期待，女孩每天跑步的時間更長了，每天放學後，她都會跟我分享當天練習的狀況，最後她通過自己的努力，終於成為大隊接力的一員。

女孩滿心期待的運動會，拉開了序幕。

運動會正式展開，不管是表演項目「搶救總動員」，或是大隊接力賽，我看到每個孩子身上堅持認真的態度。我將目光投向女兒，她正目不轉睛地環看整場接力人員，看見傳送接力棒的同學向她跑來，女孩開始原地踏步暖身，待同學越跑越近，她弓著身體準備助跑的動作——她伸長手臂，接過同學手中的接力棒，奮力地往前衝刺！她像一陣風，急速從我的眼前跑過，我站在跑道旁為場上跑者加油吶喊，繞場半圈的女孩完成使命，她將接力棒傳給了下一個同學！

瘦弱的她，爆發出身體所有的能量！她做到了！

她所有的努力和付出，我都看在眼裡。我想立刻衝上前抱抱那個可愛的女孩，而她似乎感應到我的召喚，突然回頭給了我一個燦爛的微笑。

✦從接力棒到握住寫作的筆

運動會結束後，我們步行回家，一路上，女孩滔滔不絕地跟我分享她跑接力賽的心情，回到家後，這個話題還在不斷燃燒。下午，女孩問我：「媽媽，我想把今天的運動會寫成日記，妳可以陪我嗎？」

「當然可以，這件事情，雖然媽媽也有全程陪著妳，但是我的感受一定沒有妳那麼深刻，只有妳懂得你們為了這場運動會付出了多少努力，也只有妳知道自己在奔跑的時候內心最渴望什麼，所以這次媽媽不打擾妳，妳自己寫草稿，可以嗎？」

「我，我真的可以嗎？」

女孩不自信地問我。

「不要害怕，拿起筆寫下妳所有的感受。」

「那妳陪我，可以嗎？」

「妳也陪我，可以嗎？」我反問她。

我回書房把筆記型電腦拿到女孩們的書房，坐在妹妹書桌前問女孩：「我們一起寫稿子，好不好？」

女孩點點頭。

那個運動會的午後，我和女孩，一人一書桌，她埋頭寫草稿，不斷用橡皮擦修改不滿意的段落，我在一旁敲鍵盤寫小說，一行又一行，誰也沒有打擾誰。

我說過，終有一天，女孩會自己握住寫作的筆。

這一刻，筆握在她的手裡了。

〈運動會〉

終於到我最期待的一天！因為一年只有一次，為了這場師生同樂的運動會，我們可是早就開始練習了呢！

秋高氣爽的清晨，天公伯吹來了涼爽的秋風，為我們降溫，我們先到自己的教室集合，再由老師帶領我們到達帳篷區，等全員到齊後，熱火朝天的運動會開始啦！

今年，我們三年級的表演項目是「搶救總動員」，我們戴上頭盔，在鐵棍掛上舊T恤當作擔架，把綠色的布偶當作病人，為了搶救病人，必須分秒必爭，我和同學迅速穿越障礙物，把病人送到醫院，再由下一隊友接棒，同學們都很賣力，最終我們班奪得三年級「搶救總動員」的趣味獎。

而我最期待的大隊接力賽跑來啦！今年很幸運，我也是接力賽的一員，我的背心號碼是八號，上場前老師先讓我們熱身，以避免腳抽筋。

當起跑槍聲響起，我們就努力向前跑啦。激勵人心的時刻到了，我們班最先派出的是二十一號，她跑得非常快，但還是比其他班落後一些；第二棒的十六號發威，幫我們拉到了第二名；接下來同學們都跑得很認真、很快，我們漸漸就跟其他班級拉開距離，終於輪到我登場啦，雖然很緊張，但我還是很賣力地往前衝，在所有同學的努力下，我們班奪得了冠軍。

接力賽考驗的不僅是速度，還有同學間的默契，老師安排的棒次也非常重要，他把強棒分別放在前後，以降低失敗的機率，但最重要的是，我們做任何事情都不可以半途而廢，要像跑步一樣全力衝刺。

就算最後的結果不如你所願，
請記得你那麼努力過。

一百分只拿到了十分也不錯，
因為你是個十分不錯的人。

但願我們能有更強大的勇氣，
遇上困難時都不選擇逃避。

萬事起頭難，寫作的開頭也非常難，女孩對自己參加大隊接力一事非常興奮，興奮到想要趕快把它記錄下來，可是當她真的坐在書桌前，卻一個字也寫不出來。

但既然已經決定讓她自己練習寫作，把「寫出心中所想」的主動權交到女孩的手裡，我不想輕易妥協，但是要如何陪伴女孩快速進入主題呢？我停下敲擊中的鍵盤，以聊天的方式陪女兒聊了一下開場白。

在聊天互動的過程中，我故意丟出好幾段開頭：「姐姐，我只是建議妳喔，妳可以寫『學校每年都會舉辦運動會』或是『一年一度的運動會開始啦！』，妳覺得哪一段做為開頭更好？」

面對我指引的開頭之路，女孩已經有了自己的想法，她笑著說：「我已經決定好要怎麼寫了，畢竟是我最期待的師生同樂運動會！」

我看著她在紙上寫下：「**終於到我最期待的一天！因為一年只有一次，為了這場師生同樂的運動會，我們可是早就開始練習了呢！**」

我心頭暗喜，女孩拋開我丟給她的二擇一選擇題，建立了自己的寫作模式，真的是一大進步啊！

在陪女孩梳理事件的過程中，我們共同討論了這場比賽時同學們團結的力量、老師的良苦用心，以及比賽的最終意義……。

陪伴孩子寫作的過程，我們需要做的，是保持他們對萬物的好奇及熱情。女孩所喜歡的事物，我比她要更投入，我相信，跟她一起在熱情中瘋狂，我們的創意亦會源源不絕，而她，會繼續帶著對這個世界的好奇，一路以她的眼睛，她的腳步，她的筆，探索下去。

情到深處詩意自然流淌——〈貓咪〉、〈萌萌〉（兩首童詩）

童詩簡單有趣，只要孩子夠自信，隨手拈來的主題就可以讓他們充分發揮。

有一段時間，我的工作排得太滿，劇本交稿在即，白板上畫著滿滿的行程，書桌有關劇本的便利貼更是貼得滿滿當當，除此之外，我還有自己日常的行政工作要處理，過著每天朝八晚五的生活，寫劇本及小說全都在晚上和週末進行。即便如此，我每天還是堅持回家煮晚餐跟女孩們分享。

✦ 孩子長大懂得體貼媽媽了！

女兒從我疲憊的神情中察出了端倪。週五晚上，我們讀完睡前故事，女孩在幫我蓋棉被時說：「媽媽，妳明天可以睡到自然醒。」

我心頭一暖，但還是開口說道：「可是明天是我們約定好的親子日啊，我還要陪妳寫童詩的，不是嗎？」

「媽媽，明天的童詩我想要自己完成，妳就躺在床上好好休息吧，好不好？」女孩一臉認真地說。

且不說女兒開始獨立創作讓我看到她的成長，單單她這份體貼入微的心，就讓做媽媽的很感動了。於是，那個週末我放縱地讓自己賴在軟軟的床上，暖暖的被窩裡，睡到滿足，醒來時，女孩們果真已經起床，書桌上的燈雖然滅了，卻見桌上躺著六頁稿紙，有圖有文，被寫得滿滿當當。

原來女孩竟寫了兩篇童詩。

其中〈貓咪〉這首童詩，看似很平常，但當我細細讀了之後，我心中的感受還是頗深的。

前段時間，我跟女孩的睡前故事，閱讀的就是與貓相關的書籍，我們除了討論書中的貓咪，女孩們還跟我聊了很多貓的個性，她們的閱讀素來廣泛，只是沒想到大女兒竟然把貓咪的個性全都記住了，而且運用在童詩中。一隻開心、生氣、撒嬌的貓咪，活靈活現地被女孩以筆形容後躍於眼前。

〈**貓咪**〉

貓咪！貓咪！
尾巴翹起來
你在歡迎我嗎

貓咪！貓咪！
爪子伸出來
你在練貓爪功嗎

貓咪！貓咪！
肚子呼嚕呼嚕響
你是肚子餓了嗎

不！不！不！
這些通通錯
開心歡迎搖尾巴

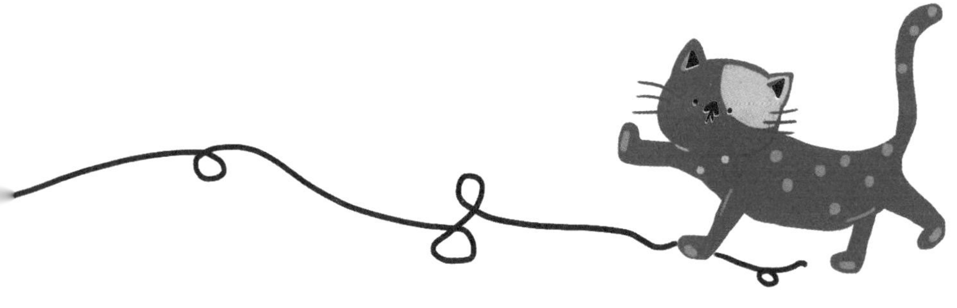

生氣憤怒張爪子
撒嬌歡喜呼嚕嚕
喔！喔！喔！
我知道了
謝謝你

而〈萌萌〉這首童詩源自女孩養的寵物。有一天，萌萌突然「越獄」不知所蹤，我們把家裡角落翻遍了，都沒有找到牠，女孩們每天回到家都要當一回偵探，妹妹更是每天抹淚，哭著要找回萌萌，姐姐每次都摟著妹妹安撫。我們找了近一週的時間，知道萌萌再回來的機會渺茫，我還特地跟姐妹倆聊天，聊對萌萌的祝福，希望牠在外面遇見好人，看見更美麗的風景，好好享受自由自在的生活。

不知萌萌是不是感受到姐妹倆的心意，十天後的傍晚，我們竟在家門口發現失蹤多日的萌萌，牠的眼睛依舊明亮，毛色潔白，看不出在外漂泊遭受任何苦楚。女孩們對失而復得的萌萌疼愛有加，忙不迭地在牠籠內換上新木屑，增水添食物，整晚都趴在籠子前面跟萌萌說心裡話。而女孩對萌萌迫切的思念之情，想必也都藏在這首童詩裡吧。

〈萌萌〉

萌萌啊！萌萌
你在哪裡？
我好想你
請你出現吧

萌萌啊！萌萌
你到底在哪裡？
你的主人好想你
每天都在哭
求你出來吧

萌萌啊！萌萌
你躲在哪裡？
喔~原來你躲在門口
謝天謝地
你終於回來了

外面冷嗎？
外面的世界精彩嗎？
不管外面的世界多精彩
你都不要再離開我了

媽媽……隨手記

對於剛開始創作的孩子，讓他們保持對文字的喜悅，不否定他們的作品，從他們的作品中看到閃光點，鼓勵他們，我覺得這點非常重要。孩子的文字與視野，或許在創作的最初比我們成人看到的要窄小，但是他們的愛是最熾熱的，他們對萬物的觀察及愛，遠比我們豐沛得多。在他們拿起筆，開始獨立創作時，鼓勵遠比潑冷水更容易讓他們愛上自己手中的筆，他們原本窄小的世界會因為我們的不設限而不斷擴大，他們的創意與情感，會越來越豐盛飽滿。

獨自承擔責任感的體驗日記——〈喜宴〉

人生最幸福之事，參加喜宴算是其中之一，看著新人們笑容洋溢，我的幸福感也會隨之遞增，迅速成長。

兒時印象中最深刻的喜宴，大概是在十歲那年參加的。雖然年少，但對歡喜和熱鬧場地開始有了認知，而且那天是個好日子，村裡結婚的人太多，我們家收到的請柬一時分攤不勻，最後全家總動員，每個人都代表家庭一分子出席不同的喜宴。十歲的我被賦予了如此神聖的任務——代表王家出席！我覺得自己頃刻間長大了，心裡對於喜宴的歡喜又添了幾分。

與往常被父母帶著參加喜宴不同，因為代表家長出席，我所受到待遇也是至上的，主人將我領至主桌，同桌的長輩們也都不斷夾菜給我，喜宴的菜肴豐盛美味，又因受到現場喜氣的感染，那天的我顯得格外愉快。用餐結束後，我又被大人們帶去「參觀」女生帶來的嫁妝。

十歲的我，看著新娘那一身紅色中式刺繡旗袍、紅色的牡丹床，以及繡了鴛鴦的對枕，還有滿屋隨手可得的紅棗、花生，新房裡暖烘烘的，空氣裡充滿了紅棗的香氣，聞著舒心也感到幸福，人們的笑聲是最舒心的音樂，一波一波，讓年少的我第一次感受到喜宴的不同之處。

那天，我的口袋被主人家塞滿了糖果，回家的路上，我嘴裡塞了兩顆圓圓的糖果，糖果撐著鼓鼓的腮幫子，我的手在口袋裡來回搓著沙沙響的糖紙，像是把幸福與歡樂的聲音就這樣一路揣回了家。

✦「走在紅毯的那一天……」

大女兒在某些時刻跟我很像，我們似乎生活在平行時空，時常在相同年齡經歷類似的事情。

以往都是我們帶著她和妹妹參加喜宴，可是這一次，她竟要獨自跟著長輩一起出席喜宴，且充滿了嚮往與期待，還為此特地挑選了外公送給她的白色禮服，展現出對喜宴的重視。

參加完喜宴後，女孩為我和爸爸及妹妹每人帶回一顆糖果，她希望這份甜蜜可以與我們共享。

那天晚上入睡前，我摟著姐妹倆在閱讀睡前故事，聽完故事的女孩還不想入睡，跟我們分享了她在喜宴中的見聞，而我的腦海裡竟聯想到她和妹妹日後嫁人的樣子，感性因子瞬間爆棚的我，緊緊地抱了抱她們。女孩沒有覺察出我的異狀，她像個美食家，向我們一一介紹喜宴中的菜色，每道菜她都能道出一二，色香味形容得頭頭是道，惹得妹妹一陣羨慕。

「姐姐，妳可以把菜單全都列出來嗎？」妹妹問。

「好哇，我可以把它們全都畫下來，對了，還可以全部寫下來。」姐姐慷慨地說。

隔天女孩提議寫日記，主題已經想好了，她將日記的前一頁畫滿糖果和愛心，帷幔用蕾絲拉開，身著婚紗的新娘手裡拿著捧花，一手挽著身著西裝的新郎。她把畫遞給我看，還故意問我：「媽媽，妳猜得到我今天要寫什麼主題吧？」

並非每一場的體驗，都一定要用文字記錄，一如讓女孩獨自去參加喜宴的最初，我絕非抱著讓她「這樣就有寫作主題」的心態，在我的眼中，人生每一次的最初，都是獨特的體驗與成長。

回想當年十歲的我，走在瀰漫著紅棗香氣的新房裡，腦海裡除了幸福的感受，還有什麼呢？有揣著滿兜糖果走回家的愉悅和滿足。今時今日，我的女孩也有相同的感受，只不過她願意以更直接的形式，用文字將它記錄下來。

寫作前我告訴女孩：「姐姐，因為這次是妳獨自參加喜宴，媽媽完全不知道現場的狀況，這篇日記，全都要靠妳自己的記憶去回想再記錄喔。」

「那，妳可以陪著我吧？」

女孩要的陪伴，其實就是給她安全感，當她想不出下一段該如何繼續時，我可以從旁提供意見。既然給了她一支筆，那再給她陪伴的時間，又有何妨？

〈**喜宴**〉

今天是個很特別的日子，我換上了一件漂亮的洋裝，媽媽還幫我綁了公主頭，你們猜猜我要去哪裡？答案是——去參加喜宴！而今天帶我一起去喜宴會場的，是阿嬤。

走進會場，哇，裡面人山人海，現場一共有五個螢幕，上面有新郎和新娘的照片，他們每一張照片的笑容都很甜美，讓我看著都覺得好幸福喔！

阿嬤牽著我的手，帶我去座位坐好，座位是八個人一桌，與我同坐的還有一位很可愛的妹妹，當所有的人都到齊後，就開始上菜了。

第一道菜是很大隻的龍蝦，牠的體形非常大，比水母還要大，肉質很鮮甜美味；第二道菜是我最喜歡的湯圓，過去我參加過許多喜宴都有這道菜，或許是因為它代表著「心滿月圓人團圓」吧！希望每個人吃到這道菜都可以有幸福的感覺。

喜宴中，我最喜歡的菜是焗烤魚，焗烤魚上鋪了滿滿的起司，夾起魚肉時，起司和魚肉融為一體，再加上特別調配的湯汁，哇，實在是太美味了！

我還吃到了媽媽最喜歡的八寶飯。我問爸爸八寶飯裡有哪八寶，他告訴我，有糯米、蓮子、紅棗、薏仁、蜜冬瓜條、蜜櫻桃、糖桔餅……哇！聽到這些名字就覺得超甜蜜的，或許媽媽愛它的原因就是希望全家人甜甜蜜蜜的，我終於明白了。

喜宴結束後，大家都去跟新郎新娘拍照，他們拿著喜糖和捧花歡送大家，我也跟他們拍照，並且在心裡默默地祝福他們，要永浴愛河，永遠幸福快樂，要永遠在一起喔！

陪伴的方式，有千萬種。我們可以來一場說走就走的旅行，在旅行中感謝大自然賜予我們的生活之美；可以陪伴孩子煮一頓晚餐，讓他們看到食材在手中被舒展的樣子；同樣地，我們陪伴孩子寫作，陪他們記錄生命中收穫的甜蜜，也是成長的一種幸福。

所有的陪伴，都要本著「莫忘初衷」的心態。

陪伴女孩寫這篇日記的時候，她不斷地告訴我每道菜的擺盤及吃起來的口感，頗有美食家的風範。

「媽媽，妳知道要怎麼分辨蝦子的新鮮度嗎？我今天看到蝦子的顏色是非常鮮豔漂亮的，牠的身體不是沒有彈性的彎曲，是呈現C字型喔！還有，剝蝦殼的時候，我們也可以感受到蝦子是否新鮮，我今天吃到的蝦子，殼非常好剝，最重要的是，新鮮的蝦肉非常鮮甜，就算沒有沾醬油也非常好吃！哇！」女孩說到陶醉地吸吮手指，「簡直太幸福了！」

聽著女孩的描述，我都覺得自己彷彿嘗了一遍鮮蝦大餐。而當記錄的時候，女孩卻沒有依循剛才口述的講法，她只是寫道：「第一道菜是很大隻的龍蝦，牠的體形非常大，比水母還要大，肉質很鮮甜美味」。

「姐姐，剛才妳說了那麼多關於蝦子的詞彙耶，不寫進來太可惜了。」

「媽媽，如果我寫的主題是美食或是蝦子，我就可以這樣寫呀，但現在我寫的是〈喜宴〉，全都在寫蝦子，是不是就脫離主題了？」

（囍）

你喜歡我吧
我喜歡你。
我們永遠在一起
在每個平凡日子裡
牽著手好好幸福
體諒貼心
願你不離我不棄。

聽見女兒這番話，我突然會心一笑，看來真的可以放手讓她獨立寫作嘍！

女孩的形容詞很豐富，我可以想見她對這些美食的熱愛。

而在她沉浸於想像的空間時，不要去否定她的用詞，要尊重她所寫的每一句話，鼓勵孩子打開專屬於他們的詞庫，讓她自己去尋找適合的用詞。當女孩描寫到湯圓時，一句「**心滿月圓人團圓**」讓我很感動，我想寫作之所以讓人幸福，應該就是文字寫出了心中的感受吧。

當她記錄八寶粥時，她也不忘去詢問爸爸，感謝先生沒有三言兩語打發女孩，而是陪伴女兒一起認真查找八寶飯中的食材。我非常愛吃八寶飯，卻從未細究八寶飯中放了哪些食材，可見寫作足以激發人認真記錄的特性。

〈喜宴〉讓我看到了甜蜜，而在陪伴孩子們記錄的過程中，這場喜宴，不會僅僅只是他們人生中微小的片段，它會影響他們對於幸福的又一層新的定義。

〔後記〕

潤物細無聲

這本書，記錄的並非寫作的技巧，也無任何的寫作捷徑，這是身為媽媽的我，為孩子們開啟更自由寬廣的載體新世界。以自己與孩子們朝夕相伴的時光，讓他們透過閱讀和寫作，打開他們的視界，展開對生命的探尋之旅，同時也讓孩子懷著對人世萬物的悲憫與歡喜，在書與筆之間，遇見和展現最真實的自己。

有人曾經問我：「要如何高質量地陪伴孩子？妳的時間一定很充足……」

我有三份工作。

週一至週五，我是一個隱於建築業的小助理，見證一座平地被挖空，水管電線鋼筋所有工種默契搭配，建築逐漸出土造成高樓，內心狂喜，覺得這築起的高樓中也藏著小小的我。我膽小，卻可以順著鷹架爬上灌漿中的十六樓；我害怕溝通，卻在這個小型態的社會中學習看到並珍惜別人身上的珍貴品德。

我創辦「悅讀趣」，每週六與孩子們準時相約閱讀寫作。我守護過的孩子，他們在無形中也陪伴了我，我們彼此影響，給了彼此信念，也給了彼此力量。

我是作家、編劇，我很高興，可以握著筆書寫，逾十五年的時光裡，我可以感受自己的內心正在逐步改變，我因書寫而變得更加自信，創作可以安撫我的情緒、療癒我的內心。

我還有一份工作。三個孩子的媽媽。

就在二十分鐘前，我才從——下班後買菜、煮飯、接孩子、倒垃圾、洗碗盤、跪在地上用抹布擦乾淨被調皮的孩子捏碎的餅乾屑——這些瑣碎的日常中抽出身，打開電腦寫這篇後記。這份工作沒有休息時間，二十四小時隨時待命，但是我甘願。

回到最初的問題：要如何高質量地陪伴孩子？

合上電腦，關掉電視，放下手機，全身心地陪伴孩子，陪他們閱讀一本書或一篇文章，跟他們聊一聊詞彙如何運用、最喜歡今天晚餐的哪一道菜，在學校裡面發生了哪些趣事……這些，都會是我們彼此成長路上不一樣的光，就因為這一點點匯聚的不一樣，讓我們變得跟別人，有那麼一點點的不一樣。

書寫這本書的初心，直至此刻，都沒有改變過。

希望有更多的父母，可以投入到陪伴孩子閱讀寫作的行列。沒有人比父母更適合與孩子記錄同情共感的小事，而這些小事的光芒，因為有您的陪伴，而顯得格外光亮，它足以溫暖及改變孩子未來的路徑，讓他們更自信、溫暖、獨立。

「隨風潛入夜，潤物細無聲」——父母陪伴孩子寫作時，因為正確的價值觀而悄悄讓孩子改變，一切看似無痕，卻蘊藏著驚人的力量。我們從尊重生命開始，讓孩子們看到更多的真善美；而我們，也藉由孩子的眼，以善心感受這美麗的世界。

來台灣生活十年，我從懵懂的女孩成長至今，所遇貴人無數，你們陪伴我，傾聽我，給我力量。我所能回報的，就是讓自己變得更好。

謝謝同仁包容我，讓我可以一同見證大樓築起。

謝謝悅讀趣的每一位家長和孩子選擇了我。

謝謝為這本書付出的所有朋友。

謝謝所有的相逢和遇見。

感謝母親。

給我豐沛的愛，讓我可以果敢往前。只有回到家，面對她，我才能將披在身上的堅強一一抖落；面對她，我呈現最柔軟的我；面對她，我也保留了最真實的我。

從兒時喜歡寫作至今，握著筆書寫，給了我無窮的力量。我希望我的女兒們，未來遭遇困惑之時，在回想我們共同走過的成長道路上，以筆記錄我們釀造生活的蜜，心裡有那麼一點點的甜。

雙雙

2018.03.27 夜

國家圖書館出版品預行編目（CIP）資料

編劇媽媽的字遊時間：陪孩子和文字做朋友，有效啟發孩童的閱讀力與寫作力 / 王雙雙 著. -- 二版. -- 臺北市：商周出版：英屬蓋曼群島商家庭傳媒股份有限公司城邦分公司發行，2023.03
面； 公分
ISBN 978-626-318-591-3（平裝）

1.CST：親職教育 2.CST：閱讀指導 3.CST：作文

528.2　　112001120

商周教育館 15

編劇媽媽的字遊時間（二版）

——陪孩子和文字做朋友，有效啟發孩童的閱讀力與寫作力

作　　者／王雙雙
企劃選書／黃靖卉
責任編輯／林淑華、羅珮芳

版　　權／吳亭儀、江欣瑜
行銷業務／周佑潔、黃崇華、賴玉嵐
總 編 輯／黃靖卉
總 經 理／彭之琬
事業群總經理／黃淑貞
發 行 人／何飛鵬
法律顧問／元禾法律事務所王子文律師
出　　版／商周出版
台北市104民生東路二段141號9樓
電話：(02) 25007008　傳真：(02)25007759
E-mail：bwp.service@cite.com.tw
發　　行／英屬蓋曼群島商家庭傳媒股份有限公司城邦分公司
台北市中山區民生東路二段141號2樓
書虫客服服務專線：02-25007718；25007719
24小時傳真專線：02-25001990；25001991
服務時間：週一至週五上午09:30-12:00；下午13:30-17:00
劃撥帳號：19863813；戶名：書虫股份有限公司
讀者服務信箱：service@readingclub.com.tw
城邦讀書花園 www.cite.com.tw
香港發行所／城邦（香港）出版集團
香港灣仔駱克道193號_ E-mail : hkcite@biznetvigator.com
電話：(852) 25086231　傳真：(852) 25789337
馬新發行所／城邦（馬新）出版集團【Cite (M) Sdn Bhd】
41, Jalan Radin Anum, Bandar Baru Sri Petaling, 57000 Kuala Lumpur, Malaysia.
電話：(603) 90563833　傳真：(603) 90576622
Email: service@cite.com.my

封面設計／李東記
排版設計／林曉涵
插畫圖文／伍芯儀（Lalahabi）
印　　刷／中原造像股份有限公司
經 銷 商／聯合發行股份有限公司　新北市231新店區寶橋路235巷6弄6號2樓
電話：(02) 29178022　傳真：(02) 29110053

■2018年4月12日初版
■2023年3月2日二版一刷
定價380元

Printed in Taiwan

城邦讀書花園
www.cite.com.tw
 ISBN978-626-318-591-3